Tecnopolítica
La democracia y las nuevas tecnologías de la comunicación

Colección Cristal del tiempo
Serie: Sociedad y política

Stefano Rodotà

Tecnopolítica

La democracia y las nuevas tecnologías de la comunicación

Traducción:
PEDRO PASTURENZI

Editorial Losada
Buenos Aires

Título de la edición italiana:
Tecnopolitica
La democrazia e le nuove tecnologie della comunicazione

© Gius. Laterza & Figli, 1997

1ª edición: mayo 2000

© Editorial Losada S. A.
Moreno 3362,
Buenos Aires, 1999

Traducción: Pedro Pasturenzi

Tapa: Pablo Barragán

ISBN: 950-03-7190-1
Queda hecho el depósito que marca la ley 11.723
Marca y características gráficas registradas en la
Oficina de Patentes y Marcas de la Nación
Impreso en Argentina
Printed in Argentina

Capítulo primero

El advenimiento de la tecnopolítica

1. *El sentido de una mutación*

¿Cuál es el destino de la democracia en tiempos en que las tecnologías de la información y de la comunicación rediseñan los lugares de la política, abaten límites, niegan los vínculos mismos del espacio y del tiempo, eliminan antiguos sujetos y crean nuevas subjetividades? Si tales son los efectos del cambio, lo que está en juego no es solamente una determinada forma política. Es la sociedad en su conjunto la que, día tras día, se muestra en permanente cambio. Y con ella cambian de sentido derechos y lenguajes, y los modos mismos de la construcción de la personalidad.

Tales tecnologías, involucradas en una incesante transformación de la realidad, crean un terreno propicio para las utopías positivas y negativas. ¿Se encuentra tal vez al alcance de nuestra mano el ideal mil veces perseguido de la democracia directa? ¿Está por materializarse dramáticamente la sociedad de la vigilancia total? ¿O tendremos que acostumbrarnos a una convivencia singular: la de un Orwell que reside en Atenas?[1]

[1] *Orwell in Athens. A perspective on Informatization and Democracy*:

Pero en tal caso la forma técnica del futuro corre el riesgo de quedar aprisionada en esquemas que pertenecen al pasado, y que pueden revelarse como inadecuados para comprender el significado de las muchas novedades que ya se encuentran frente a nosotros. El esquema analítico más habitual es seguramente el que contrapone la democracia representativa, como la forma típica asumida por la democracia en los tiempos modernos, a la democracia directa, como una oportunidad que, finalmente, ofrecen las nuevas tecnologías. Pero no es así como se capta el verdadero rasgo característico que permite distinguir, entre tales modelos, la forma que está asumiendo el sistema vertebrado por las tecnologías de la información y de la comunicación.

Consideradas desde el punto de vista de los ciudadanos, la democracia representativa y la democracia directa poseen efectivamente un rasgo común: encarnan una participación *intermitente*. Los ciudadanos pueden ser convocados para designar sus representantes o para tomar directamente las decisiones; sin embargo, tanto en un caso como en el otro, su presencia es periódicamente escandida por una distancia en el tiempo, instalada en unos pocos lugares oficiales. Lo que se está perfilando ante nuestros ojos, en cambio, es una forma de democracia *continua*,[2] donde la voz de los ciudadanos puede alzarse en

---

tal es el fantasioso, y apropiado, título de un libro recopilado por W. B. H. J. van de Donk, I. Th. M. Snellen y P. W. Tops (Amsterdam-Oxford-Tokyo-Washington D. C., Ios Press, 1995).

[2] Desde 1982 ("Tecnologie dell'informazione e frontiere del sistema sociopolitico", en *Política del diritto*, 1982, pp. 25-39, en particular p. 35, donde se habla de "contrato social *continuo*") me pareció que era ésta la definición, y el criterio interpretativo, que mejor podía captar y resumir las dinámicas sociopolíticas puestas en marcha por las tecnologías de la información y de la comunicación. La referencia a la "continuidad", aún sin intenciones interpretativas de conjunto, se puede ha-

cualquier momento y desde cualquier lugar y formar parte del concierto político cotidiano.

Las señales de la democracia continua están ya frente a nosotros. Nos podemos encontrar permanentemente en las redes; se comienza a contar con la posibilidad del acceso continuo a una enorme cantidad de informaciones; las encuestas se presentan como un canal para la escucha continua de los ciudadanos; aumentan las oportunidades y los instrumentos de diálogo y de presión continua de los electores sobre los elegidos; la perspectiva de los referendos electrónicos multiplica las posibilidades de consultas constantes al electorado; la campaña electoral llega a ser permanente.[3] ¿Pero cómo sucede concretamente todo esto, en presencia de qué condiciones y de cuáles condicionamientos?

¿En qué consiste esta dimensión que se está apoderando hasta de la política? ¿Podemos seguir llamándola democracia?

Se cierne amenazante un sentido de final, tal vez como efecto inconsciente del milenarismo que acompaña a los años actuales. Si ayer la caída del Muro de Berlín provocó apresuradamente el anuncio del fin de la historia,[4]

---

llar en diversas publicaciones de estos años, y dio recientemente el título a una interesante recopilación de textos (D. Rousseau [comp.], *La démocratie continue*, París-Bruselas, Librairie Générale de Droit et de Jurisprudence-Bruylant, 1995), que sin embargo analiza solamente las cuestiones tradicionalmente establecidas, y no enfrenta realmente la dimensión determinada por las nuevas tecnologías.

[3] F. Roncarolo, *Controllare i media. Il presidente americano e gli apparati nelle campagne di comunicazione permanente*, Milán, Angeli, 1994.

[4] Me refiero, obviamente, al libro de F. Fukuyama, que gozó de un momento de amplia, e inmerecida, notoriedad, *La fine della storia. L'ultimo uomo*,* Milán, Rizzoli, 1992.

* Toda vez que aparece al final de un dato bibliográfico, el asterisco indica que, de ese título, existe edición castellana.

hoy la profecía heideggeriana del advenimiento de la técnica portadora de una lógica propia irresistible se presenta encarnada en las tecnologías de la comunicación y de la información, que avanzan barriendo con todo, de tal modo de que no sólo habrían llegado a su fin el trabajo[5] y la política,[6] sino incluso la literatura.[7]

Mientras tanto, sin embargo la democracia continua irrumpe en un ámbito en el que ya se encontraba abierta la discusión sobre los modelos de democracia, entre los temores por la implantación de la democracia plebiscitaria y las esperanzas en el advenimiento de una democracia "deliberativa"[8] que sumerge a la totalidad de los sujetos en el flujo de las comunicaciones y en el diálogo, en la perspectiva concreta de un *government by discussion*. Afectada como está por la tecnología, ¿logrará sustraerse la democracia continua a uno de los posibles resultados de la innovación tecnológica, a ese reforzamiento de las tendencias en curso que hoy se presenta más bien como un desplazamiento hacia tentaciones populistas y plebiscitarias? ¿Se logrará encauzarla, en cambio, por las sendas de una *strong democracy* [democracia consolidada],[9] de una

---

[5] J. Rifkin, *La fine del lavoro. Il declino della forma lavoro e l'avvento dell'era post-mercato*,* Milán, Baldini & Castoldi, 1995.

[6] L. Scheer, *La démocratie virtuelle*, París, Flammarion, 1994.

[7] G. Steiner, *No passion Spent*,* Essays 1978-1996, Londres-Boston, Faber, 1996, pp. ix-x.

[8] J. Habermas, *Fatti e norme*,* Milán, Guerini, 1996.

[9] B. R. Barber, *Strong Democracy. Participatory Politics for a New Age*, Berkeley-Los Ángeles-Londres, University of California Press 1984, (para el señalamiento y el análisis de las condiciones mínimas de tal democracia "fuerte", véase pp. 261-311). El tema está retomado, en la perspectiva de un control radical de los ciudadanos sobre la introducción de las tecnologías, por R. E. Sclove, *Democracy and Technology*, Nueva York-Londres, Guilford Press, 1995, pp. 25-27.

democracia donde la "fuerza" sea la de los ciudadanos activos, puestos en condiciones de participar efectivamente en los procesos de decisión?

La respuesta a estos interrogantes no puede ser confiada a las buenas intenciones de los diversos actores de los procesos políticos y sociales, sino que depende estrechamente del modo en el cual se constituye el contexto institucional. La vía definida comúnmente como plebiscitaria se presenta más fácil de recorrer, puesto que se resuelve en una operación de simplificación radical del contexto existente, en virtud sobre todo de la reducción o de la eliminación de los procedimientos de efectiva participación y control, sustituidos por situaciones de neta investidura o de confirmación de decisiones ya adoptadas. La superposición de las tecnologías a este esquema refuerza su capacidad de acortar los tiempos de respuesta, lo vuelve más dependiente de las formas de la comunicación inmediata y elimina la necesidad de toda mediación. Cambian así de sentido hasta las formas a las cuales se confiaba tradicionalmente la expresión de la democracia directa, en particular los referendo y la elección directa del jefe del poder ejecutivo, puesto que cambia profundamente el ámbito comunicacional en el que aquéllas se encuentran inmersas.

Más compleja, y por lo tanto más difícil, se presenta la utilización de dichas tecnologías que en todo caso procuren al mismo tiempo renovar el funcionamiento del sistema político, otorgando un nuevo espacio a los ciudadanos, y no tomar partido por el plebiscitarismo o el populismo. No basta para ello con injertar la democracia continua en el viejo tronco. No se puede considerar el conjunto de las tecnologías de la información y de la comunicación exclusivamente como una solución técnica que permite la intervención generalizada de los ciudadanos, tal como la democracia representativa había constituido "una solución técnica para las dificultades de coordinación" determinadas por la existencia de millones de ciudadanos dispersos sobre un vasto territorio.[10] Nos encontramos frente a diversos modelos de sociedad y de organización política, que se proyectan más allá de las técnicas empleadas, aun cuando éstas influyan sobre sus características. Para afrontar el conjunto de las cuestiones suscitadas por la mutación tecnológica y por las innovaciones que ésta determina, son necesarios una cultura política también ella renovada, una experimentación paciente y un proyecto institucional acompañado por la fantasía. Si todo esto falta o se retarda o no emerge con la claridad necesaria, entonces las nuevas tecnologías de la información y de la comunicación manifiestan sólo su capacidad de banalizar, o de vaciar de todo significado, los procedimientos democráticos construidos antes de su advenimiento.

Mientras se dirige la mirada a Atenas, la realidad actual se presenta con frecuencia modelada más bien sobre una de las instituciones de Esparta.[11] "Los espartanos podían expresar su opinión sólo por aclamación, como en las asambleas militares del período homérico",[12] y en su asamblea popular, la *Apella*,* no se realizaba ningún re-

[10] Véase P. Lévy, *L'intelligenza colletiva. Per una antropologia del cyberspazio*, Milán, Feltrinelli, 1996, p. 77.
[11] Tal es la sugerencia de J. Fishkin, *The Voice of the People. Public Opinion & Democracy*, New Haven-Londres, Yale University Press, 1995, pp. 23-24, que simplifica excesivamente, sin embargo, la descripción del sistema espartano, con una transposición demasiado directa a nuestro tiempo de la compleja realidad griega. (véase C. Meier, *La nascita della categoria del politico in Grecia*, Bolonia, Il Mulino, 1988).
[12] K.-W. Welwei, *La polis greca*, Bolonia, Il Mulino, 1988, p. 163.
* Asamblea integrada por los hombres mayores de 30 años. (N. del T.)

cuento de votos. Plutarco describe así la elección de los gerontes:

> El pueblo se reunía en la plaza, mientras algunas personas eran encerradas en una casa vecina, desde la cual no podían ver ni ser vistos. Sólo escuchaban los gritos del pueblo, que en estas elecciones, como en cualquier otro tema, expresaba sus preferencias mediante la aclamación. Los candidatos no se presentaban todos juntos frente a la asamblea: pasaba uno después del otro, en silencio, en el orden establecido por sorteo. Encerrados en la casa vecina, los encargados registraban sobre sus tablillas la intensidad de las aclamaciones. Y, puesto que no podían saber a qué candidato se referían, escribían: "por el primero, por el segundo, por el tercero", y así de seguido, según el orden de presentación ante la asamblea. Era declarado electo quien hubiera recibido las aclamaciones más intensas y repetidas.[13]

La elección, por lo tanto, se realizaba con un método que nos recuerda mucho más el aplausómetro de las transmisiones televisivas que los procedimientos que estamos acostumbrados a definir como democráticos.

Cualquiera sea el procedimiento seguido, de todos modos la democracia no puede quedar reducida solamente al momento extremo de la votación final que cierra un período electoral o un proceso de decisión. Es el conocimiento el que se presenta, y no sólo como una repetición en el tiempo, como la condición necesaria para el inicio mismo de un proceso democrático. "Conocer para decidir" y "la información es poder" son fórmulas que nos recuerdan de qué manera los momentos resolutivos deben estar precedidos por una etapa informativa. Sin embargo,

---

[13] Plutarco, *Licurgo,** XXXVIII.

ésta no es necesariamente funcional a la decisión posterior. Es cada vez más evidente que la disponibilidad de información posee, en sí misma, un valor democrático, porque propicia la transparencia y la difusión del poder, y puede permitir el control de quien toma las decisiones mediante la crítica argumentada; o, más directamente, la contraposición de diversas hipótesis, gracias también a la creciente posibilidad de pasar de los modelos de decisión piramidal a los modelos de decisión en red.

Aun para esto, sin embargo, rige el criterio ya recordado de la imposibilidad de usar como punto de referencia los contextos precedentes. Es oportuno destacar, entonces, que

> la red no es un instrumento de democracia (puede muy bien serlo, pero de un modo absolutamente marginal). La red es más bien el paradigma de un modelo de democracia nueva, una democracia sin referencias al centro, que ya no puede ser reducido a la forma del estado-nación, ni tampoco a la forma global de la decisión. El replanteo de la noción de democracia puede derivar de una invención paradigmática que a su vez deriva del modelo de la red, pero no será la consecuencia mecánica de una difusión cuantitativa de las redes.[14]

2. *Lógicas de la política y lógicas de la empresa*

En 1762, en un pasaje conocido y controvertido de *El contrato social* sobre el sistema representativo inglés, Jean-Jacques Rousseau escribía que "el pueblo inglés cree ser li-

---

[14] F. Berardi, "La rete come paradigma e la reinvenzione della democrazia", en su recopilación *Cibernauti. Tecnologia, comunicazione, democrazia*, Roma, Castelvecchi, 1996, p. 116.

bre; se equivoca; no lo es sino en la elección de los miembros del Parlamento: ni bien éstos fueron elegidos, es esclavo, no es nada".[15] Y ya en 1968, durante la campaña para las elecciones presidenciales norteamericanas, el consejero para la comunicación del candidato Richard Nixon, Roger Ailes, exclamaba: "¡Maldición, el problema es que ésta es una elección electrónica!";[16] que, por lo tanto, no sólo obedecía a una particular lógica interna, sino que modificaba la relación entre ciudadanos y políticos.

¿Por qué acercar entre sí dos citas tan lejanas en el tiempo? Porque una de las cuestiones más espinosas de la democracia en los tiempos modernos correspondió siempre al modo de llenar el vacío entre una elección y otra, de interrumpir el silencio de los ciudadanos, de rescatarlo de esa condición de esclavitud que conmovía a Rousseau. Y porque el advenimiento de los medios de comunicación electrónica parece colocar al alcance de la mano el logro de ese objetivo, otorgando a cada ciudadano la posibilidad de intervenir en todo momento en el proceso político.

¿Está pues ya entre nosotros la democracia electrónica? La pregunta es retórica, puesto que desde hace años atravesamos un proceso de transformación profunda de nuestros sistemas, con aceleraciones intensísimas en algunos países, verdaderos laboratorios de nuestro futuro político. Pero no

---

[15] J.-J. Rousseau, *Il contratto sociale*, libro III, cap. 15 [*El contrato social*, Buenos Aires, Losada, 1998, pp. 157-158].

[16] Citado por D. Nimmo, "The Electronic Town Hall in Campaign '92: Interactive Forum or Carnival of Buncombe?", en R. E. Denton jr. (comp.), *The 1992 Presidential Campaign. A communication Perspective*, Londres, Praeger, Westport (Ctc.), 1994, p. 208. Roger Ailes continuó como un muy influyente estratega en comunicación del Partido Republicano, orientando las campañas electorales de George Bush en 1988 y 1992.

es la primera vez que parece abrirse una senda tecnológica al poder para los ciudadanos. Se había dicho ayer que el socialismo sería "los soviets más la electrificación", y hoy se proclama que la democracia será "la electrónica más la participación". Con un radicalismo aún mayor se concluye que "la tecnología nos puede hacer libres".[17]

Podemos encontrar muchos de estos anuncios, o premoniciones, en las crónicas de las décadas pasadas, lo que constituía la señal de un cambio lento y continuo, muchas veces subterráneo, cuyo alcance escapaba frecuentemente a la opinión pública y a los protagonistas mismos de las vicisitudes políticas. La verdadera novedad del presente se encuentra en la percepción colectiva de este proceso, en su amplitud, en la multiplicidad de los instrumentos técnicos utilizados y en su progresiva integración, que crea un universo dominado cada vez más por la lógica digital. En él se asiste a un uso conjunto de la televisión tradicional y de las de transmisión por cable y por vía satelital, de la computadora y del teléfono, de las redes telemáticas y de encuestas, del correo electrónico y del marketing político, de los *focus*

---

[17] La expresión más neta de esta actitud se encuentra tal vez en el manifiesto redactado el 22 de agosto de 1994 por E. Dyson, G. Gilder, G. Keyworth y A. Toffler, "Cyberspace and the American Dream: A Magna Carta for the Knowledge Era". Uno de los análisis más rigurosos, y para nada apocalíptico, de esta representación del futuro es el de S. L. Talbott, *The Future Does Not Compute*, Sebastopol (C.), O'Reilly, 1995. Pero es más claro, si bien con simplificaciones por momentos excesivas, el rechazo de N. Postman, *Technopoly, La resa della cultura alla tecnología*, Turín, Bollati Boringhieri, 1992, que debería leerse paralelamente, por ejemplo, con libros como los de F. C. Arterton, *Teledemocracy. Can Technology Protect Democracy?*, Newbury Park-Beverly Hills-Londres-Nueva Delhi, Sage, 1987. Una evaluación crítica de conjunto de los temas del ciberespacio se encuentra en Tomás Maldonado, *Critica della ragione informatica*,* Milán, Feltrinelli, 1997.

groups [grupos motivacionales] y de las *consensus conferences* [conferencias para lograr consenso], y otras por el estilo, en virtud de una dinámica que realmente parece inagotable, y que diariamente genera nuevas oportunidades.

Se producen así efectos acumulativos que eran impensables cuando la informática no había transformado todavía radicalmente el mundo de la información. El sistema de la comunicación en su totalidad se encuentra ahora involucrado en el proceso político. Y estamos más allá de la propia frontera de la electrónica: con una referencia sintética al conjunto de los instrumentos antes enumerados, se puede hablar ya de la *tecnopolítica* como fuerza estructuradora de nuestros sistemas.

¿Estamos frente a una ruptura, a una discontinuidad, o más bien en una etapa intensa de evolución de la democracia? En su historia, la democracia no estuvo jamás confiada a un modelo inmutable: en su destino –¿diríamos en su vocación?– se encuentra naturalmente instalado el cambio. Así, la democracia de los modernos fue descrita como un pasaje de la democracia de las elites a la de los partidos de masa y, actualmente, a la democracia del público[18] o de la opinión, en una perspectiva cada vez más cercana al pasaje radical de la representación a la autorrepresentación de los ciudadanos, que justamente la tecnopolítica tornaría posible.

Se trata de un proceso que puede ser interpretado co-

---

[18] Véase, en particular, B. Manin, *La democrazia dei moderni*, Milán, Anabasi, 1992, parte II, según una línea de investigación desarrollada luego en *Principes du gouvernement représentatif*, París, Calmann-Lévy, 1995. Sobre el mismo punto véanse las recientes observaciones de A. Pizzorno, "I regimi rappresentativi: crisi e corruzioni", en *Parole Chiave*, 5, 1994, pp. 65-68; también para las referencias sobre identidad privada e identidad pública (p. 69).

mo la inclusión progresiva de un número creciente de ciudadanos en un sistema democrático en el cual, finalmente, asumen con plenitud el papel de protagonistas. De esto se discute, porque varían y se contraponen las interpretaciones, se descubren efectos inesperados tanto por los optimistas como por los pesimistas y se enfrentan procesos no lineales, con modalidades y ritmos no todos previsibles. De todas maneras es cierto que tenemos ante nosotros procesos que están redefiniendo el sentido y el alcance no sólo de las asambleas representativas y de los tradicionales mediadores sociales (partidos, sindicatos), sino del papel mismo de los ciudadanos.

¿Están cambiando de naturaleza el pueblo soberano de la tradición europea, el *We, the People* [nosotros, el pueblo] de la tradición norteamericana, en un ámbito vertebrado por las redes, recorrido —como lo pretende la imagen más elemental— por las "autopistas electrónicas"? En realidad, se atenúa o directamente desaparece la necesidad del tipo de intermediación colectiva asegurado primero por las elites y luego por los partidos de masa; los lugares de la política cambian vertiginosamente con el cambio de las nociones mismas de tiempo y de espacio; se modifica la percepción del territorio (se ha llegado a hablar de "fin del territorio jacobino",[19] de un avanzar "más allá del sentido del lugar"),[20] puesto que se desmaterializa el campo de la acción individual y colectiva. Así, la figura misma del Parlamento parece destinada a desdibujarse, sustituida por un sistema de gobierno que no tiene más necesidad del lugar representativo de un pueblo, que, en cualquier mo-

[19] J.-P. Balligand y D. Maquart, *La fin du territoire jacobin*, París, A. Michel, 1990.
[20] J. Meyrowitz, *Oltre il senso del luogo*, Bolonia, Baskerville, 1994.

mento, puede ser convocado a expresarse mediante instrumentos como el referendo electrónico.

Se abre frente a nosotros un espacio político nuevo, y cambian las formas en que se pueden manifestar los sujetos colectivos. Las redes telemáticas son una realidad; más aún, Internet se ha convertido en el último e invasor *topos* de la retórica política y social. La política registra los cambios, de los cuales los "nuevos políticos" se presentan como los intérpretes más visibles y acreditados. El santo y seña de Ross Perot es "Electronic Town Hall"; Silvio Berlusconi crea un partido cuya existencia, para ser percibida, requiere una presencia constante en la dimensión televisiva; Newt Gingrich propone la transformación del Congreso de los Estados Unidos en un congreso virtual, que permita la información y la intervención directa de los ciudadanos, con la desaparición del papel de los representantes.[21] ¿Estamos a las puertas del régimen que Ortega y Gasset, con un tono despreciativo, denominaba "hiperdemocracia?" La democracia electrónica ocupa el horizonte, e inmediatamente se presenta como la forma apropiada para el populismo de nuestra época.

Éstas son las manifestaciones más evidentes de un fenómeno global, que no puede encerrarse en el marco tradicional de la política y que, por el contrario, redefine permanentemente las formas y los significados de esta última. La tecnopolítica obtiene sus modelos en el mundo de la

---

[21] Sin embargo, las resistencias concretas de Gingrich a un control permanente efectivo están bien documentadas en el capítulo final de S. Frantzich y J. Sullivan, *The C-Span Revolution*, Norman-Londres, University of Oklahoma Press, 1996. Para una descripción preliminar del inicio concreto de la presencia de la red en el Parlamento, véase C. Casey, *The Hill on the Net. Congress Enter the Information Age*, Academic Press, Nueva York, 1997.

producción y del consumo, la oferta política es asimilada a la de los productos y de los servicios y se desarrolla una campaña electoral permanente, o, mejor dicho, un intercambio continuo de productos políticos, sobre todo en la forma de flujos de información.

Nos enfrentamos a transformaciones complejas de la esfera pública, determinadas en gran parte por el modo en que fue evolucionando el sistema de los medios de comunicación. La esfera pública, y por lo tanto la política, se diferenciaba, al menos en sus aspectos fundamentales, no sólo de la esfera privada, sino también de la correspondiente a la actividad empresarial. Esta frontera fue ampliamente borrada precisamente por el modo en el cual evolucionó el sistema televisivo, que determinó una suerte de unificación de las diversas esferas, y, en particular, de la política, el comercio y el espectáculo. Aun cuando se continúe manteniendo una distinción formal entre programas de información, espectáculos y publicidad, sucede cada vez con mayor frecuencia que los hombres políticos prefieren presentarse en los programas más populares, donde la política se mezcla precisamente con otros géneros; y se crean programas televisivos de información política modelados cada vez con mayor frecuencia sobre el esquema de los programas de entretenimiento. El hombre político, de tal manera, no sólo debe adecuarse a las reglas de este diferente tipo de programas, sino que, fundamentalmente, es percibido por la opinión pública como parte de un mundo que le es más familiar, en el cual esas distintas actividades terminan por ser indistinguibles. El político aparece como un producto entre los otros, es juzgado con criterios que se aproximan demasiado a los que rigen en el mundo del consumo. El verdadero cambio, más que en el papel prepotente asumido por la televisión en el juego político, reside precisamente en esta mutación de los parámetros de referencia. Una confirmación de esta tendencia deriva del hecho de que la tecnopolítica se constituye, cada vez con mayor amplitud, con los instrumentos que provienen directamente del mundo de la producción, del comercio y de la publicidad.

La esfera pública perdió su distinción y su autonomía, y la política es presentada y percibida cada vez con mayor frecuencia como una de las tantas mercancías. No es casual que se haya hablado precisamente de una "mercificación de la esfera pública".[22] La ciudad política se paree mucho a la Nueva York evocada por Herman Melville en el comienzo de *Moby Dick*: "el comercio la envuelve con su resaca".[23]

Así las cosas, no es posible afirmar que nos encontramos frente a una simple expansión de las técnicas al servicio de la política, como ha ocurrido siempre en la historia. Casi como si la novedad representada por el conjunto de los nuevos medios pudiese compararse al pasaje de la voz estentórea del orador de plaza, amplificada tal vez por un megáfono, a los micrófonos y a los altoparlantes. El advenimiento de las tecnologías de la comunicación trae consigo la sustitución de una lógica por otra. Y nos obli-

---

[22] H. Rheingold, *Comunità virtuali. Parlare, incontrarsi, vivere nel ciberspazio*, Milán, Sperling & Kupfer, pp. 320-325.

[23] H. Melville, *Moby Dick** (1851), traducción italiana de C. Pavese, Turín, Grassinelli, 1953. Es frecuente recordar, a este respecto, que J. A. Schumpeter, al desarrollar su teoría del liderazgo competitivo, había ya aproximado las modalidades propias del obrar político a las de la empresa (véase, por ejemplo, *Capitalismo, socialismo e democrazia,** Milán, Comunità, pp. 265-267); pero es necesario detenerse aquí y apreciar el realismo del análisis, sin hacer de Schumpeter un imposible anticipador de investigaciones que tienen su base en las transformaciones introducidas en la esfera pública por las tecnologías de la comunicación.

ga a interrogarnos no sólo sobre la relación que se establece entre tecnopolítica y democracia, sino, preferentemente (y de manera preliminar), sobre el sentido que asume la transferencia a la esfera política de los instrumentos preparados y afinados en la esfera de las actividades económicas. Ello, con la intención, en muchos casos declarada, de modelar la acción política en consonancia con la empresaria. De tal manera, la cuestión se radicaliza y atañe a la compatibilidad misma entre la lógica empresarial y la democracia, sobre todo en un momento en el cual se vuelve a afirmar con particular vigor que la única regla para la empresa debe ser la eficiencia económica, reforzando la vieja tesis que pretendía que la democracia se detuviese "a las puertas de la empresa", o el análisis todavía más radical de quienes puntualizan a la empresa como "antidemocrática en su concepción, en la forma organizativa y en el modo de operar".[24] En este punto, sin embargo, y teniendo en cuenta la intensidad con que se diversifica y se expande la tecnopolítica, no es particularmente importante discutir en abstracto si se la puede rescatar de una suerte de pecado original; lo que sí es esencial, en cambio, es procurar la elaboración de estrategias institucionales susceptibles de crear un contexto tan diferenciado del empresarial como para hacer menos peligrosa la incidencia sobre el sistema democrático de las técnicas concebidas en ámbitos que no tomaban en cuenta para nada la cuestión de la democracia.

En la actualidad, sin embargo, la tendencia parece

---

[24] Este punto está claramente señalado, con referencia explícita a los temas aquí discutidos, por T. J. Löwi y D. Lytel, "Comments on 'Democracy in an Information Society': Making It a Real Revolution", en *The Information Society*, 1986, pp. 91-99.

marchar en la dirección opuesta. La lógica empresaria tiende a apoderarse también de los instrumentos que, como Internet,[25] han nacido y se han desarrollado bajo la insignia de la lógica opuesta: de una libertad tan plena como para representar la anarquía, y que, por sus circunstancias de origen, fueron acusados de poseer una naturaleza irreductible a lógicas que no fueran las dictadas por su modo de ser, por lo menos como los habíamos conocido hasta ahora. Pero también se había dicho desde hace tiempo que "la tecnología abre las puertas, el capital las cierra".[26] Es así que, expeditivamente, se podría concluir que el verdadero peligro, a esta altura, no es el del Gran Hermano, sino el del Gran Vendedor[27] que, por otra parte, muy bien podría ser considerado como la reencarnación de la figura orwelliana en los tiempos de la mercificación de la esfera pública. Efectivamente, no por casualidad se escribió que si realmente debiera materializarse un Gran Hermano, no lo haría con "las ropas de un policía, sino con las del hombre de negocios".[28]

Estas consideraciones en su conjunto ponen al descubierto una realidad que se presenta como totalmente nueva. Es necesario, entonces, llevar el análisis más a fondo, para identificar con mayor precisión el modo en que los

---

[25] Sintetiza los distintos aspectos de este problema F. Carlini en *Internet, Pinocchio e il gendarme. Le prospettive della democrazia in rete*, Roma, Manifestolibri, 1996, pp. 226-227.

[26] T. J. Löwi y D. Lytel, "Comments..." cit.; T. J. Löwi, "The Third Revolution Revisited", en *1984 and Beyond. The Social Challenge of Information Technologies*, Berlín, Forschung-und Technologieministerium,1984.

[27] G. Fiori, *Il Grande Venditore*, Milán, Garzanti, 1995, que analiza el caso de Silvio Berlusconi,

[28] J. Markoff, "Remember Big Brother? Now He's a Company Man", en *The New York Times*, 31 de marzo de 1991, E 7.

instrumentos de la tecnopolítica estructuran el papel del ciudadano. Y, por tanto, cómo cambia la soberanía popular, para utilizar una fórmula que por muchos de sus aspectos, y con acierto, fuera puesta en discusión, pero que puede ser utilizada en este contexto con fines exclusivamente descriptivos, para identificar las posiciones y los poderes de los ciudadanos, tanto individualmente como en asociación. A partir de esta premisa, recurriré más adelante a un esquema bastante simplificado, para argumentar sobre la fragmentación del soberano, sobre la ilusión de la soberanía y sobre la reconstrucción del soberano.

Mientras tanto, sin embargo, es necesario tener presente que todo análisis de la tecnopolítica debe ser proyectado sobre un fondo donde no se encuentra solamente la oposición tradicional entre democracia representativa y democracia directa. Se dibujan otras oposiciones, diferentes entre sí por su significado y su alcance pero indicativas todas ellas de una situación en la cual las categorías tradicionales se muestran demasiado débiles como instrumentos de análisis y de interpretación. Las señalo sintéticamente:

- hiperdemocracia/democracia;
- toma directa/mediación;
- ciudadanía electrónica/exclusión electrónica;
- interés general/interés de grupo;
- lógica del mercado/lógica de los derechos;
- vínculo social/contacto eficiente;
- comunicación vertical/comunicación horizontal;
- interrogación/participación;
- respuesta/discusión;
- emoción/saber crítico.

3. La fuerza de la imagen

En los últimos años, sobre todo en ocasión de las elecciones, en distintos lugares del mundo se han multiplicado los casos que demostraron a todos que el empleo de las nuevas tecnologías de la comunicación no sólo modifica la relación entre políticos y ciudadanos, sino que incide también sobre el funcionamiento y sobre la naturaleza misma de los sistemas políticos. ¿Estamos asistiendo al fin de la democracia representativa? ¿Está surgiendo un mayor poder de influencia directa de los ciudadanos, o la crisis de los mediadores sociales tradicionales, como los partidos y los sindicatos, hizo que la pantalla televisiva se convirtiera en el lugar privilegiado de la política?[29] Mientras se persigue la utopía de la democracia directa, ¿no están más bien emergiendo las formas de la democracia plebiscitaria? La imagen, ¿no concentra bruscamente lo que ayer pertenecía a niveles y momentos diferentes, reduciendo a una cifra única lo que antes era expresado por un programa, un conjunto de lazos sociales, de complejos procedimientos de selección y de investidura, e, indudablemente, hasta por la personalidad del candidato, del líder? ¿Y no es justamente la fuerza totalizadora de la imagen, situándose por encima del *logos*, de la palabra, que siempre había acompañado el desenvolvimiento de la democracia occidental, la que provoca una integral *mutation cathodique* de la retórica política?[30]

---

[29] Sobre "Videology", véase B. R. Barber, *Jihad v. McWorld. How Globalism and Tribalism Are Reshaping the World*, Nueva York, Random House, 1995.

[30] P. Lecomte, *Communication, télévision et démocratie*, Lyon, Presses Universitaires de Lyon, pp. 64-65.

Éstas eran preguntas familiares para un restringido círculo de estudiosos desde la segunda mitad de los años 70. Pero comenzaron a provocar un verdadero debate internacional cuando, en 1992, Ross Perot ligó su candidatura en las elecciones presidenciales norteamericanas a la hipótesis de una *Electronic Townhall*, de una grande y permanente asamblea electrónica, e impuso rápidamente su imagen mediante la astuta utilización de las más variadas técnicas de comunicación. Así, un candidato desconocido, ausente en las elecciones primarias, alcanzó inesperados picos de popularidad, y, ya en la votación, obtuvo el 18,9% de las adhesiones: un resultado, éste, que ningún "tercer candidato", por fuera de los representantes oficiales del Partido Demócrata y del Partido Republicano, había obtenido desde 1924 (y aun entonces no se trató de un desconocido, sino del popularísimo líder populista Robert La Follette, que desde décadas atrás, por lo menos desde su discurso en la universidad de Chicago en 1897, lanzaba su eslogan *Go back to the people* [volver al pueblo]).[31]

Con anterioridad a este caso se había producido en Brasil la elección de Fernando Collor de Mello para la presidencia de la república, con el apoyo determinante de la Rede Globo, que incluso había "inventado" al candidato. Pero el episodio había sido juzgado como un hecho menor, circunscrito a la específica realidad de aquel país. La influencia determinante de un imperio televisivo en la creación y en el éxito de una candidatura, en cambio, cautivó la atención de todo el mundo con la victoria de Silvio Berlusconi en las elecciones italianas de 1994. Y luego

---

[31] La crítica más radical a las técnicas y a las posiciones de Ross Perot se encuentra en A. Kroker y M. Einstein, *Data Trash*, Milán, Urra, 1996, pp. 119-120.

del éxito republicano en las elecciones legislativas de *mid term* [renovación parcial del Congreso] de noviembre de 1994, fue la ocasión de Newt Gingrich, con sus propuestas de una extendida democracia electrónica, de dar cuerpo a un populismo renaciente, típico de la tradición norteamericana, pero que también está emergiendo con prepotencia en muchos otros países, favorecido precisamente por las nuevas tecnologías de la comunicación política. Estamos, por lo tanto, frente a una fuerte aceleración de los procesos que proponen nuevas formas de conjunción entre tecnología y política.

En Italia, en los primeros meses de 1994, un gran cambio político e institucional fue acompañado y favorecido por las novedades relevantes en la organización y en la comunicación política. Los ojos del mundo convergieron sobre Italia por la imprevista revelación de la fuerza ya adquirida por la tecnopolítica.[32] Precisamente en esta ocasión, con el entrelazamiento aparentemente invencible de los medios de comunicación y las formas de la política, el caso italiano no se presentó como una anomalía, y asumió la significación de un anuncio. El triunfo del dueño de un imperio multimediático (y no tan sólo de él) apareció como un signo de los tiempos, que debía ser analizado en sus posibles alcances generales.

¿Italia es acaso una inquietante vanguardia? Así lo creyó un investigador francés, Paul Virilio, cuando asoció el resultado electoral de marzo de 1994, considerado como

---

[32] En las semanas sucesivas a las elecciones de abril de 1994 diarios y revistas de todo el mundo dedicaron amplios análisis del "caso Berlusconi". Me limito a recordar aquí el número de *Le Monde des débats* (19 de mayo de 1994), significativamente titulado *La télévision contre la démocratie?*

el primer caso de "golpe de estado mediático",[33] con el recuerdo de lo que dijo Benito Mussolini en 1937, en la inauguración de Cinecittà, al hablar de la cámara de filmar como "el arma más potente". El destino común, por lo tanto, habría sido anticipado también esta vez por los acontecimientos italianos. Como reacción inmediata, en Alemania se preguntaron enseguida si el ordenamiento legislativo sobre la propiedad de los medios de información era un dique suficiente para contener las apetencias políticas de los magnates de la comunicación, en tanto François Mitterrand ponía solemnemente en guardia contra el "riesgo de grave alteración para la democracia. Ha llegado el momento de decir: ¡Atención, peligro!"[34] Otros, como Henry Kissinger, escogieron el camino del realismo, o del puro registro de los hechos: "La televisión está transformando la conciencia colectiva como lo hizo la prensa en el Renacimiento. Provoca impresiones superficiales, emociones, y favorece por lo tanto la demagogia, y no lo digo por aludir a Berlusconi. La TV hace que la vida y las decisiones políticas sean de corto aliento, porque corto es el aliento de la TV".[35]

Mientras tanto, acaso para diluir la significación del específico acontecimiento italiano o para situarlo en un horizonte más abarcador, se intentan confrontaciones, se buscan hechos comparables. Berlusconi no sería el primer gobernante "creado" por la televisión (se vuelve así al precedente de la elección de Collor de Mello), ni el primer empresario en intentar su ingreso a Mediápolis, a la nue-

---

[33] P. Virilio, "Le Coup d'État médiatique", en *Le Monde des débats*, cit., p. 2.
[34] F. Mitterrand, entrevista, en *La Repubblica*, 26 de mayo de 1994, p. 2.
[35] H. Kissinger, entrevista, en *La Stampa*, 29 de mayo de 1994, p. 7.

va ciudad política que ya ha sido profundamente signada por las técnicas de la comunicación. Durante el mismo período, efectivamente, Bernard Tapie encabezaba con éxito en Francia una lista para las elecciones europeas, y poco antes se habían producido los intentos de Camille Sudre en *Réunion*, de otros empresarios en Polonia y en Serbia y de Ross Perot en los Estados Unidos.

Solamente este último, sin embargo, presenta una historia realmente significativa, donde se exhibe el recurso conjunto a diversas técnicas de la comunicación, el uso de los recursos empresariales y la convocatoria populista. Perot anuncia su candidatura en el curso de un programa televisivo de la red CNN, el *Larry King Live!*, y solicita ser llamado por una serie de líneas telefónicas especiales: en quince días recibe dos millones de llamados. Sus principales consejeros y jefes de campaña son dos de los máximos dirigentes de su compañía más importante, la Perot Systems. Y su eslogan *United We Stand* [unidos estamos] posee la misma impronta lingüística y la misma lógica de apelación directa a los ciudadanos y a su capacidad de iniciativa que caracterizan al eslogan *Forza Italia*,* elegido por Silvio Berlusconi.

Perot, de la misma manera que Berlusconi, se presenta como lo nuevo. Importa muy poco si en realidad lo es. Su sola comparecencia provoca reacciones profundas en el sistema político, su invocación de una *Electronic Townhall* [voto electrónico en una asamblea] es considerada por algunos como el primer paso hacia lo que luego sería la iniciativa del actual presidente de los Estados Unidos, Bill

---

* "Fuerza Italia". Tradicional exclamación de las "hinchadas" para animar al seleccionado italiano de fútbol en los encuentros internacionales (N. del T.).

Clinton, para la construcción de las "autopistas electrónicas". Su iniciativa rompe con la liturgia política tradicional, y muestra que se puede aspirar concretamente a la presidencia sin pasar por el filtro de los viejos partidos y de las elecciones primarias. No puede sorprender, entonces, la opinión de un notable investigador, y para nada simpatizante del programa de Ross Perot, como Theodore Löwi, que ve en la irrupción de tal personaje una ocasión para la ruptura del bipartidismo cada vez más constrictivo y para la concreción de ese "tercer partido", en el cual muchos confían desde hace tiempo como factor que redinamizaría el sistema político norteamericano.

Pero es mejor detenerse aquí con las analogías. No sólo Perot no es el propietario de la "maquinaria" utilizada para su ingreso en la política, sino que, fundamentalmente, antes del anuncio de su candidatura a la presidencia, era totalmente desconocido para la opinión pública. Encarna la *anti-incumbents revolution*, la rebelión contra una representación política esclerosada. Pero no se presenta con la fuerza y la autoevidencia de un modelo producido justamente por el sistema de medios de comunicación con el que una parte de la opinión pública ya se había identificado.

En cambio, ésta era la situación en que se encontraba Berlusconi aun antes de aparecer como protagonista sobre la escena política. Representaba el éxito en la vida económica, proponía el mismo modelo permanentemente señalado por los programas de sus emisoras televisivas, expresaba la modernidad de las nuevas tecnologías de la comunicación política y transmitía el sentido de la fuerza política. Su triunfo, por lo tanto, puede ser considerado como el efecto de la conjunción de diferentes factores, no todos atribuibles a la influencia de los medios técnicos empleados.

El ascenso de Berlusconi, efectivamente, tiene como primera causa la disolución del viejo sistema político y su capacidad de presentarse como el representante de una sociedad civil diferente y diversa de la vieja clase política. Sin embargo, esta explicación específica debe estar acompañada por el cuidadoso examen del hecho de enfrentarnos a un sujeto "producido" y legitimado por las formas típicas de la sociedad de la nueva comunicación. En definitiva, el ejemplo italiano muestra que el análisis de los fenómenos ligados a la expansión de la tecnopolítica requiere siempre el cuidadoso examen del ámbito en el cual se verifican estos fenómenos.

Para profundizar este tipo de análisis es pues necesario agregar que la situación italiana pone en evidencia que el sistema de las comunicaciones posee una capacidad autónoma de legitimación política y de creación de una esfera pública en condiciones de reaccionar con extrema rapidez y eficacia sobre el sistema en su conjunto. Sin el previo surgimiento del "sujeto Berlusconi" en el universo informativo que él posee y define, no habría sido posible pensar la creación desde la nada de un movimiento político y, sobre todo, habría faltado la legitimación para desarrollar aquella tarea de mediación y de unificación de diversas fuerzas políticas que no estaban al alcance de los exponentes de la vieja capa política, y que se halla en la base de su éxito electoral.

Se podría observar que el dominio de la tecnopolítica no garantizó a Berlusconi el éxito como hombre de gobierno y que, como Perot, también él se encontró frente a la necesidad de transformar una voluble coalición electoral en algo que se parezca a un partido. Pero de esta comprobación no se puede obtener ningún argumento para sostener que las lógicas del pasado tomaron de nuevo la delantera. Derrotado como hombre de estado, por la rápida caída de su gobierno, Berlusconi vio confirmado su éxito no sólo por el número de votos recogidos por su agrupamiento político en las elecciones generales de 1996 (donde Forza Italia, precisamente, se confirmó como el segundo partido italiano), sino más bien por el hecho de que la última campaña electoral italiana fue sustancialmente dominada por la lógica de la personalización, por la eficacia de la imagen y por el empleo masivo de los medios múltiples de la tecnopolítica. Es decir, precisamente por los métodos que él mismo introdujo en el funcionamiento del sistema político italiano, que resultó profunda e irreversiblemente transformado más por este hecho que por las reformas de tipo institucional.[36]

Por otra parte, el buen resultado electoral de 1992 fue capitalizado por Ross Perot, abriéndole el acceso al financiamiento público (30 millones de dólares) para la campaña presidencial de 1996. Y lo indujo a transferir al embrión de su nuevo partido los métodos ya experimentados, al punto que la votación en la convención del Partido Reformador, en 1996, pudo realizarse tanto en las formas tradicionales como mediante el correo electrónico e Internet.

4. *El cambio de la esfera pública*

El caso Berlusconi contribuyó asimismo a poner en mayor evidencia otra de las tendencias en curso: la que ata-

---

[36] M. Marturano observa en el desarrollo de la campaña electoral de 1996 el retorno a formas más "tranquilizantes" de comunicación política en "Scomunicanti e scomunicati nell'anno dell'alternanza. Telepolitica e pubblico nella campagna elettorale '96", en *Problemi dell'informazione*, 1996, pp. 284-300.

ñe a los cambios profundos de las modalidades constitutivas de la "esfera pública". Se ha enfatizado mucho acerca de la facilidad con la cual fue posible convertir, al menos en parte, una organización empresarial en una organización política. Pero se ha reflexionado menos sobre el hecho de que nos hallamos no tanto frente a un exceso o a una coacción, sino más bien ante una tendencia que encuentra sus raíces en las modificaciones profundas que se están produciendo precisamente en la esfera política.

La distinción entre esfera pública y esfera privada ya había sido puesta en discusión cuando se proclamó que "lo personal es político", incluyéndolo así en la esfera pública, que por lo tanto resultaba ampliada y enriquecida, y que, sobre todo, imponía su lógica a hechos y comportamientos que antes se consideraban como comprendidos exclusivamente en el área de la vida privada. En una etapa más reciente asistimos a un acontecimiento muy diferente: la penetración en la esfera pública de características típicas de la actividad empresarial, que borra no solamente la distinción entre público y privado, sino también la que regía entre política y economía, mediante la subordinación de las áreas asignadas a la vida pública a las lógicas del mercado. Todo parece reducible a mercancía, en esa general mercificación de la esfera pública que antes había señalado. Y las pruebas de este cambio se pueden recoger precisamente en el sistema de la comunicación.

Es un hecho comprobado la acentuada emigración del hombre político, y, sobre todo, de los aspirantes a políticos, desde los lugares considerados propios de la información a los del espectáculo o de la información espectacularizada, del *talk-show*.[37] La causa no radica solamente en

---

[37] Un documentado análisis de cómo la política y el periodismo

la mayor audiencia de este último tipo de transmisiones, sino en la posibilidad de adecuarse a los modelos propios de estos otros lugares, recogiendo así una mayor complacencia de parte del público. El neologismo *infoitainment* indica luego la eliminación de todo límite entre información y entretenimiento, en un universo en el cual la política está ahora "deslocalizada", y socialmente mejor percibida (por no decir aceptada), sobre todo cuando se presenta en un universo caracterizado por los signos del consumo.

No es por casualidad que cuando el vicepresidente de los Estados Unidos, Al Gore, quiso anunciar el proyecto de las "autopistas electrónicas" lo haya hecho a través de la red telemática *CompuServe*. Y se multiplican casos en que a ciudadanos que quieren servirse de un medio de comunicación –viejo como el teléfono o nuevo como la red– se les proponen condiciones particularmente ventajosas, o directamente la gratuidad del servicio. Para ello deben pagar un "precio", que puede consistir en la interrupción de sus comunicaciones telefónicas con mensajes publicitarios o que sobre la parte inferior de su pantalla corra una banda publicitaria cada vez que se conecten con la red. Ejemplo extremo de contaminación ya inextricable puede ser considerado un fragmento del telediario *Stu-*

---

fueron "infectados" por la cultura del *talk-show* se encuentra en T. Rosenstiel, *Strange Befellows. How Television and the Presidential Candidates Changed American Politics*, Nueva York, Hyperion, 1994. Véase también "In memory, The 1992 presidential race has a kind of antique charm: the first talk-show campaign", de E. Diamond y R. A. Silverstein, en *White House to Your House, Media and Politics in Virtual America*, Cambridge (Mass.)-Londres, The MIT Press, 1995, p. xiii. Para una visión más general, véase S. Livingstone y P. Lunt, *Talks on Television. Audience Participation and Public Debate*, Londres-Nueva York, Routledge, 1994.

dio aperto, transmitido por una red de la Fininvest, Italia 1, el 19 de mayo de 1994, que presentaba un montaje alternado de los dos mayores acontecimientos de la noche precedente: el voto de confianza al Gobierno en el Senado y el triunfo del Milan sobre el Barcelona en la final de la Copa de los Campeones. Las dos victorias de Berlusconi, como presidente del Consejo de Ministros y como presidente del Milan, se completaban y se sobreponían. La imposibilidad de establecer alguna jerarquía se mostró claramente cuando la voz del presidente del Senado, que informaba sobre los resultados del voto de confianza al Gobierno, era acompañada por la imagen de los jugadores del Milan que realizaban la vuelta triunfal de la cancha con la copa en alto y la leyenda del espónsor bien visible sobre las camisetas.

La esfera público-política, por consiguiente, ya se encuentra profundamente vertebrada por los signos del consumo. En Italia, la transformación de la empresa Fininvest en la base organizativa de Forza Italia puede inquietar y configurar delicados problemas sobre el respeto a las reglas (por ejemplo: ¿los financiamientos bancarios a un grupo empresario no pueden transformarse en formas de financiamiento ilegal de la política?). Pero ello, a esta altura, no es un hecho susceptible de provocar sorpresa ni de ser solamente clasificado entre otras anomalías inadmisibles.

Una vez superado el momento de la sorpresa, o de la indignación, sin embargo, muchas reacciones italianas y extranjeras ante el éxito de Forza Italia revelaron los retrasos de culturas que siempre se habían negado a confrontarse realmente con el tema de las nuevas formas de comunicación política, juzgándolas como anticipaciones de un futuro lejano. Es en este vacío cultural que se explican también las reacciones de rechazo o la identificación de estrategias exclusivamente parciales, y hasta la resignada aceptación del nuevo estado de cosas aun entre algunos opositores. Es inútil afirmar que la identificación de la tecnopolítica con el diablo, enfatizando tal vez desmedidamente sus efectos sobre la contingencia electoral no nos lleva a ninguna parte: solamente puede suministrarnos coartadas o generar pasividad. Pero corresponde señalar también las limitaciones de ciertas estrategias de respuesta, que sugieren recorrer los mismos caminos abiertos por Perot o Berlusconi, y demostrar una similar astucia tecnológica.

Ello podría revelarse como una ilusión peligrosa. Y no porque sea imposible tratar de perseguir un objetivo semejante, sino porque es ilusorio pensar que tales técnicas produzcan los mismos resultados en beneficio de cualquiera que las emplee, sin aceptar al mismo tiempo el modelo de comunicación o de sociedad al cual ellas remiten. No nos enfrentamos con técnicas que se presentan en todos los casos como absolutamente neutrales. El uso democrático de las tecnologías no puede ser confiado solamente a la buena voluntad de quien utiliza un medio determinado. La alternativa no reside en las modalidades de uso de una tecnología en todos los casos y de cualquier manera bifronte, sino en la posibilidad de elegir entre diversas tecnologías. Ello se simboliza de cierta manera en ese proceso que, en su primera etapa, había sido descrito como el pasaje de la comunicación vertical a la horizontal, y que hoy se expresa por la gran novedad de la comunicación en red.

Si no queremos encerrarnos en un círculo vicioso, y proponer en consecuencia análisis inadecuados a la realidad que enfrentamos, es necesario entonces comprobar cuáles son los modelos posibles en el universo de la comunicación y cuáles sus probables efectos. El análisis aquí desarrollado da por sentado el pasaje de la "videoesfera" a la "medioesfera", y pretende identificar el sentido y los lugares de la política en una dimensión tan amplificada.

¿Es entonces verdad que la televisión contribuyó a convertir la política en "un arte menor" y que estamos asistiendo a su disolución en el tubo catódico del aparato de televisión?[38] ¿Qué significado puede atribuirse a los relevamientos que nos señalan una reducción del tiempo dedicado a la política por parte de las grandes redes televisivas?

Se ha observado que las tres mayores redes televisivas norteamericanas (*ABC*, *CBS* y *NBC*) dedicaron a la 41ª Convención del Partido Demócrata, realizada en Nueva York en agosto de 1992, solamente quince horas de transmisión, contra las treinta y cuatro de 1988 y las noventa de 1972. Sin embargo, para evaluar correctamente estos datos, no basta una simple confrontación cuantitativa. Es necesario tener en cuenta otros elementos, como el incremento del espacio dedicado a la política en las redes locales y en los programas distintos de los informativos, o como la decisión de concentrar en tiempos más restringidos las sesiones mismas de las convenciones, para hacerlas coincidir en sus momentos más significativos con el *prime time* [horario de mayor audiencia] de las grandes redes.

Ello implica un profundo cambio cualitativo. La convención de un partido es así propuesta a los telespectadores de acuerdo con las reglas a las cuales se adecua todo espectáculo televisivo: "los dirigentes políticos entregan a la televisión convenciones prefabricadas".[39] Pero, transformadas

---

[38] L. Scheer, *La démocratie virtuelle*, cit., p. 14.
[39] A. M. Schlesinger jr., "Dull, Contrived Convention", en *International Herald Tribune*, 22 de agosto de 1996, p. 9.

en espectáculo y depuradas de cualquier debate peligroso, las convenciones obtienen como resultado una progresiva pérdida de interés: la última convención del Partido Republicano fue seguida por 25 millones de telespectadores (10% de la población norteamericana), mientras el discurso radiofónico de Humbert Humphrey en la convención demócrata de 1948 había sido escuchado por 60 millones de norteamericanos (60% de la población).[40]

Se trata, por cierto, de una consecuencia derivada fundamentalmente del hecho de que las convenciones no presentan más momentos de incertidumbre, y de que se han convertido en simples manifestaciones para ratificar los resultados obtenidos ya en las primarias. Precisamente por ello, sin embargo, podrían permitir una discusión real y abierta: restableciendo la verdadera libertad de palabra, ¿se revigorizaría la democracia y al mismo tiempo volvería a crecer la audiencia?

Esta perspectiva, sin embargo, es obstaculizada por la lógica que privilegia la comunicación de una sola imagen: la de una identidad compacta, simplificada al máximo, sin ninguna duda o ninguna crítica que la empañen. Lo que se pierde en audiencia, por lo tanto, puede ser recuperado en el momento de las inevitables encuestas que, efectivamente, registran habitualmente un alza a favor del candidato al día siguiente de ese acontecimiento puramente televisivo en que se convirtió la convención.

[40] Resulta interesante considerar los datos de escucha de la sesiones inaugurales de las últimas cuatro convenciones del Partido Demócrata:

	audiencia	interés
1984	21,2	40
1988	18,0	32
1992	16,1	30
1996	13,1	25

Nos encontramos frente a una lógica invasora, que tiende ahora a asociarse a todos los actos públicos de las organizaciones políticas. Resulta obvio, de todos modos, que a esta exposición pública no corresponde la mayor visibilidad y controlabilidad de los procesos políticos. Dado que la discusión, para no hablar del contraste o del conflicto, es considerada como un factor negativo en la comunicación con el público, los procesos reales de elaboración y de decisión quedan cada vez más relegados a lugares alejados de los ojos del público. Parece no haber ya contradicción entre el máximo de (aparente) transparencia y el máximo de (sustancial) opacidad.

Asistimos, por lo tanto, a una tendencia que evidencia la creciente y señalada redefinición del espacio de la política según las lógicas provenientes, hasta ahora, del espacio televisivo, y, como perspectiva, del conjunto de la tecnopolítica. Los grandes ritos de la política, o lo que de ellos queda, tuvieron que aceptar la escansión social del tiempo impuesta por la programación televisiva. Si el presidente de los Estados Unidos, por ejemplo, decide anunciar al país su proyecto de reforma del sistema de salud o pronunciar el mensaje sobre el estado de la Unión, y elige hacerlo en el horario nocturno de mayor audiencia, la razón es evidente. Y el Congreso no puede pretender, por cierto, que se respeten sus horarios tradicionales de reunión.

La función "teatral" de los parlamentos se ha ya agotado completamente, o, mejor dicho, sobrevive de ella ese poco que logra encontrar ubicación en las transmisiones televisivas. Es en ellas que se celebran los ritos de la política, a los cuales no es necesario mirar como una profanación del templo. Las ceremonias de la información, los "sistemas de información ritualizada", poseyeron siempre un papel esencial en la estructuración de los comportamientos de una comunidad, en la definición de las jerarquías, en el establecimiento de los modos en que pueden ser percibidas las formas del poder, tanto más ritualizadas cuanto es más absoluto: el *Te Deum* no fue el único que presentó "la perpétuité de la souveraineté dans ses actes victorieux" [la perpetuidad de la soberanía en sus actos victoriosos].[41]

Se puede afirmar hoy que esta dimensión se convirtió en invasora, y que la sociedad se presenta cada vez con mayor frecuencia como sociedad "publicitaria", como sociedad que organiza sus espacios simbólicos según la técnica de la publicidad.[42] Pero ésta no sería una ruptura. "En el moderno orden mundial es con el capitalismo que la proliferación y la circulación de las representaciones (y de los instrumentos para la generación y la transmisión de las representaciones) alcanzaron una dimensión espectacular, de la cual es prácticamente imposible escapar".[43]

Por otra parte, la experiencia de países como Italia demuestra que, en los momentos de gran tensión, se producen un incremento muy consistente de la "oferta" televisiva de política, para responder a la necesidad de información o de identificación de la opinión pública. Y el cambio de la esfera política, determinado hasta ahora

[41] M. Fogel, *Les cérémonies de l'information dans la France du XVI au XVII siècle*, París, Fayard, p. 218. Sobre las "ceremonias televisivas", sobre su ambición "normativa" y sobre su carácter de acciones dramatúrgicas en el campo de la comunicación política, véase D. Dayan y E. Katz, "Télévision d'intervention et spectacle politique. Agir par le rituel", en *Hermè*, núm. 17-18, 1995, pp. 163-183.

[42] A. Akoun, *La communication démocratique et son destin*, París, Presses Universitaires de France, 1994, p. 67.

[43] S. Greenblatt, *Meraviglia e possesso. Lo stupore di fronte al Nuovo Mondo*, Bolonia, Il Mulino, 1994, p. 29.

fundamentalmente por la televisión "generalista", no puede ser percibido solamente como una suerte de pérdida de peso de la política. En primer lugar, porque los ritos expeditivos de la televisión "toca y escapa", que constriñen a una banalización de los mensajes, no son los únicos que hay que tener en cuenta en el momento en el cual precisamente los nuevos medios de comunicación tornan disponibles otras formas y tiempos de la acción; y, además, porque la "política en público", anunciada por la era de la televisión, está asociada a nuevas formas de ocultación de los procesos reales, que imponen un análisis riguroso de esa esfera política que los medios de comunicación contribuyen precisamente a hacer cada día más multifacética, pero también por ello más inaprensible.

CAPÍTULO SEGUNDO

Temores, hipótesis, realidad

1. *Tecnología y decisiones*

La utopía positiva de la democracia electrónica trató en estos años de empalidecer, y aun de eliminar, la utopía negativa relacionada fundamentalmente con la imagen orwelliana del Gran Hermano, con el advenimiento del Panóptico tecnológico y con la pesadilla de la sociedad de la vigilancia total o de la transparencia implacable,[1] poblada solamente por hombres "de vidrio". También nos fueron propuestas otras imágenes: la plaza electrónica, la nueva ágora, que finalmente habría hecho posible la realización de la democracia directa, con la participación integral en las decisiones políticas de todos los ciudadanos, rodeados, sin embargo, por una red protectora de su privacidad.

No se trata solamente de hipótesis, de proyecciones más o menos ingenuas del futuro. En consonancia con los cambios de los sistemas políticos ligados a la difusión de las nuevas tecnologías, se habla ya habitualmente de "teledemocracia", de "videocracia" y de "encuestocracia", y,

---

[1] Una proyección rigurosa de este tema se encuentra en D. Burnham, *The Rise of the Computer State*, Nueva York, Vintage Books, 1984.

con el registro de las novedades, renacen los temores, se vuelven a proponer esquemas interpretativos ya comprobados. Reaparece la imagen de una tecnología bifronte, como el antiguo dios Jano. ¿Las que están frente a nosotros son "tecnologías de la libertad" o "tecnologías del control?"[2]

Hay quien intentó formular de manera simple y sintética las alternativas posibles, a partir de los peligros reales que amenazan hoy a la democracia:

> La comunidad política ideal debe cuidarse de tres peligros: la corrupción de la política del bien común en una política de conformismo de masas; la corrupción de la política del pluralismo y de la diversidad en una política de facciones y de balcanización; la corrupción de la política del individualismo en una política del aislamiento.
>
> Que se logre o no evitar estos peligros, dependerá en gran parte de las decisiones que se adopten respecto de los medios electrónicos. Usados sabiamente, los medios de comunicación de masas son un antídoto potente contra la democracia enferma del espíritu faccioso de grupo y del aislamiento individual. Superando los obstáculos de tiempo y de distancia, los medios masivos pueden ampliar la participación en los debates y las decisiones, en las reuniones y las asambleas, que son los signos distintivos de la democracia. Usados impropiamente, los medios de comunicación masivos son un mal en sí mismos. Transforman a los ciudadanos activos en espectadores pasivos, acunados por mensajes homogéneos y cautivantes. Eliminan las decisiones colecti-

---

[2] Tales son los títulos de dos libros que afrontaron muchos de los argumentos aquí tratados: I. de Sola Pool, *Technologies of Freedom*, Cambridge (Massachusetts)-Londres, Harvard University Press, 1983; K. G. Wilson, *Technologies of Control. The New Interactive Media for the Home*, Madison, University of Wisconsin Press, 1988.

vas, suplantándolas con la incitación a dar respuestas inmediatas por parte de individuos aislados. E ignoran la rica diversidad de la vida colectiva al reemplazarla por la convocatoria a una indiferenciada opinión masiva.[3]

Análisis como éste, aun si describen con precisión las alternativas que ya forman parte de la realidad, proyectan la idea tradicional de una tecnología bifronte, buena o mala de acuerdo con la voluntad de quien la emplea. Pero la tesis de la neutralidad de la tecnología, seguramente importante para destacar las responsabilidades de quien la utiliza,[4] desconoce que el papel concreto de una tecnología tiene su origen, ante todo, en su forma y en sus específicas modalidades de uso, que contribuyen a definir su sentido y su alcance social. Existen efectos que se producen por el solo hecho de que se decida recurrir a una determinada tecnología.

Basta con reflexionar sobre el significado que asume, precisamente en esta perspectiva, el pasaje de una comunicación vertical a una horizontal. La primera, sean cuales fueren las intenciones de quien la emplea, posee un ineliminable rasgo autoritario, que proviene del obligado silencio de los telespectadores, de su escuchar pasivo. La otra, brinda la posibilidad de ser interlocutores activos, y

[3] J. S. Abramson, F. A. Arterton y D. Orren, *The Electronic Commonwealth. The Impact of New Media Technologies on Democratic Policies*, Nueva York, Basic Books, 1988, p. xvi.

[4] Sobre este punto, véase J.-P. Seris, *La technique*, París, Presses Universitaires de France, 1994, pp. 337-384. Y, más en general, a C. Mitcham y R. Mackey (comps.), *Philosophy and Technology*, Nueva York, Free Press, 1972; sobre el modo en el cual nuestras sociedades son "perturbadas" por la técnica, véase la particular posición de J. Ellul, *La técnica. Rischio del secolo*, Milán, Giuffrè, 1969; Id., *Le bluff technologique*, París, Hachette, 1988.

esto, si bien no basta para atribuirle una patente democrática indiscutible, modifica por cierto la calidad de la comunicación. Kissinger, en la entrevista antes mencionada, resalta precisamente la forma en que la televisión modificó el "aliento" de la política.[5] Aun cuando sea empleada con las mejores intenciones, ella constriñe a sus usuarios a tiempos y lenguajes que modifican radicalmente la comunicación política tal como la habíamos conocido. Una investigación sobre las *news* televisivas en los Estados Unidos demostró que el tiempo de la comunicación directa de parte de los candidatos se ha reducido progresivamente, pasando de un promedio de 42,3 segundos en 1968 a uno de 9,8 segundos de 1988 y 7,3 segundos de 1992. Ello impone la creciente reducción de la comunicación política al puro eslogan, a "dar un toque", con la banalización cada vez mayor de los contenidos y la exclusión de la posibilidad de argumentar racionalmente. Quizá la política se convierta así en más "consumible", como cualquier otro producto. Sin embargo, tiende también, con seguridad, a modificar su significado.

A los efectos de transformación de las tradicionales modalidades de funcionamiento del sistema político se debe agregar, además, un efecto de "substitución". Éste pone al descubierto que la posibilidad de intervención directa de los ciudadanos –como ya había ocurrido también con el fax en ocasiones bastante importantes, luego con el empleo del correo electrónico, y, en perspectiva,

---

[5] Sobre estos problemas, para la experiencia norteamericana, véase A. Ramney, *Channels of Power. The Impact of Television on American Politics*, Nueva York, Basic Books, 1983; R. Armstrong, *The Next Hurrah. The Communication Revolution in American Politics*, Nueva York, Beech Tree Books, 1988; en este libro podemos encontrar una animada descripción del recurso a los diversos medios de la tecnopolítica.

con el uso cada vez más intenso de las redes telemáticas–puede privar de significado a diversas modalidades habituales de funcionamiento de los procedimientos parlamentarios. Se llega así al punto de convertir en directamente inútil o marginal a la institución parlamentaria misma. Resulta asimismo manifiesto que la selección cada vez más rigurosa de los exponentes más representativos de la ciudadanía puede desembocar en que se confíe a ellos, y no al electorado en su conjunto, algunas decisiones o la designación de puestos determinados.

Queda así en evidencia que no nos enfrentamos solamente a un conflicto entre lo viejo y lo nuevo, sino a modalidades de funcionamiento de los mecanismos de la democracia profundamente diferentes. Y éstas no están vinculadas exclusivamente a las decisiones que conduzcan a usos diversos de la misma tecnología, sino a la elección entre distintas tecnologías, en un panorama que se enriquece permanentemente con nuevas posibilidades.

No es tampoco posible, por otra parte, conformarnos con esta comprobación. Más allá de las acostumbradas controversias en torno de las tecnologías bifrontes y de su no neutralidad, se hace necesario partir de la premisa de que las innovaciones tecnológicas se organizan cada vez más en un sistema,[6] intervienen sobre los procesos en curso y tienden por lo tanto a reforzar o a debilitar los sujetos o las modalidades de evolución de tales procesos. Con un exceso de esquematismo, se ha sostenido que son siempre los poderes ya fuertes los que resultan ulteriormente reforzados, porque son los que están mejor situados para

---

[6] P. Breton, A. M. Rieu y F. Tinland, *La techno-science en question. Éléments pour une archéologie du XX siècle*, Seyssel, Champ Vallon, 1990, p. 105.

sacar ventaja de las innovaciones tecnológicas. Con un mayor apego a la realidad, podríamos advertir sobre la necesidad de adoptar políticas razonadas y realizar intervenciones institucionales adecuadas, si se pretende compatibilizar los usos de las tecnologías y los fines socialmente definidos en un momento determinado. Se convierten así en particularmente importantes los modos, y, sobre todo, los tiempos, en los que deben ser efectuadas las intervenciones. "El momento decisivo para una elección consciente –escribió el antropólogo Marvin Harris– lo tenemos sólo durante la etapa de transición de un modo de producción a otro. Después que una sociedad elige una estrategia tecnológica y ecológica determinada para resolver el problema de la eficiencia decreciente, puede resultar imposible, durante un largo período futuro modificar las consecuencias de una elección poco inteligente".[7]

No se trata, entonces, de confiarse simplemente a la buena o a la mala voluntad, o de confiar en sabias decisiones. Se impone el análisis cuidadoso de las características reales de las diversas tecnologías y, por lo tanto, la adopción de políticas adecuadas. Para responder a las viejas y a las nuevas preguntas, es conveniente considerar entonces el hecho de que las innovaciones tecnológicas se manifiestan en una etapa histórica en la cual las formas tradicionales de la democracia representativa se muestran cada vez más fuertemente amenazadas por el creciente desapego de los ciudadanos, que se expresa fundamentalmente en su escasa participación en las elecciones. Se actualiza así la necesidad de una participación no mediatizada, de una intervención directa de los ciudadanos, que puede ser concretada

---

[7] M. Harris, *Cannibali e re. Le origini delle culture,** Milán, Feltrinelli, 1979. p. 179.

precisamente recurriendo a las nuevas tecnologías, como, por otro lado, lo demuestra la apelación a la democracia electrónica que frecuentemente realizan los protagonistas de la ola neopopulista que hoy se puede advertir en distintos países. Más allá de las posibles y hasta obvias apreciaciones críticas, se puede advertir aquí un problema típico de nuestra época, relacionado con el modo en que se afronte el tema mismo de la soberanía. ¿Cuáles son hoy las formas que asume la soberanía popular, que "pertenece al pueblo" (como expresaba la Constitución de Weimar, y que luego fue retomada por las leyes fundamentales de la República alemana)? ¿Cómo se manifiesta el "soberano" en la era de la tecnopolítica?

De tal modo, en una época de grandes cambios, instrumentos antiguos y nuevos se enfrentan, y las nuevas tecnologías se insinúan progresivamente en el tradicional tejido político e institucional. No se trata, entonces, de responder prejuiciosamente con un sí o con un no a la democracia electrónica, sino de evaluar con rigor y caso por caso las condiciones de empleo y los efectos de las diversas tecnologías, que pueden variar notablemente en función de los contextos específicos y de los particulares sistemas políticos y sociales en que son aplicadas.

Si el comprobar tal difusión de la tecnopolítica nos obliga a un análisis realista de los sistemas sociopolíticos, no nos impone ninguna forma de resignación frente a un avance considerado ya imparable. Por el contrario, el partir de la percepción de los peligros, si es que no se traduce en un pesimismo sin salida (que es también una forma de resignación), permite enfocar con mayor celeridad las cuestiones realmente esenciales, e identificar, por lo tanto, los puntos que requieren con mayor urgencia respuestas políticas e institucionales.

Pero hasta la era digital posee sus pecados, siete, como lo quiere la tradición, y que fueron así enumerados: 1) desigualdad; 2) explotación comercial y abusos informativos; 3) riesgos para la privacidad; 4) desintegración de las comunidades; 5) plebiscitos instantáneos y disolución de la democracia; 6) tiranía de quienes controlan los accesos; 7) pérdida de valor del servicio público y de la responsabilidad social.[8] ¿Será posible liberarse de ellos y recorrer, si no la senda de la virtud, al menos la de un uso razonado y colectivo de los instrumentos informativos y comunicacionales que abruman cada vez más nuestros días?

2. Nuevas posibilidades e intervención de los ciudadanos

El panorama tecnológico se enriquece en forma permanente y, como consecuencia de ello, también las experimentaciones en curso o las que pueden ser posibles. Todo intento de descripción queda inmediatamente desenfocado porque, mientras intentamos dibujar los contornos, estos se muestran ya modificados, en un vertiginoso e imparable proceso de transformación. Sin embargo, es posible señalar algunos datos que parecen lo suficientemente estables, al menos en el corto plazo, y algunas tendencias significativas, con la advertencia de que el juego de las previsiones es siempre muy peligroso. Para dar un solo ejemplo, se puede recordar que mientras nuestra atención se concentraba en los servicios del tipo Videotel, que terminaron por arrojar resultados muy alejados de las

---

[8] L. Brown, "The Seven Deadly Sins of the Digital Age", en *Intermedia*, julio de 1994, pp. 32-37.

expectativas iniciales, comenzaba silenciosamente su despegue lo que hoy se presenta como la primera y gran aplicación masiva de la informática: la red Internet.

Se habla de sociedad de la información global,[9] de *Information Superhighways*, de una *National Information Infrastructure*, se abren redes cívicas, se experimentan formas de consulta a los ciudadanos, y se concreta un nuevo espacio social: el ciberespacio. Todas estas expresiones reflejan una tendencia ya irresistible a proveerse, en todos los niveles, de infraestructuras para la comunicación electrónica, destinadas a constituir el verdadero y propio "sistema nervioso" de la sociedad del futuro inmediato, con la construcción de redes de conexión que se aprestan a cubrir todo el planeta. Y nos dicen que la transformación está ya en curso, en vista de que las redes telemáticas internacionales, con Internet a la cabeza, existen desde hace tiempo, y se han desarrollado enormemente sin necesidad de "autopistas electrónicas", recurriendo a la más modesta tecnología del teléfono.

La comunicación, por lo tanto, está ya más allá de los medios masivos tradicionales: periódicos, radio y televisión "generalista". El denominador común de los nuevos medios está constituido por la asociación entre televisión, computadora y teléfono, y el cambio fundamental del pasaje de los viejos a los nuevos medios está representado por la digitalización y la interactividad, en el lugar de la pasividad que distinguía la situación del lector de periódicos, del oyente de radio y del espectador televisivo. Es cierto que algunas formas bastante rudimentarias de interactividad habían sido ya logradas asociando el teléfono

---

[9] Tal es la fórmula que aparece en el título del ambiciosísimo y decepcionante Informe Bangemann, *L'Europa e la società dell'informazione globale. Raccomandazione al Consiglio Europeo*,* Bruselas, 1994.

con la radio y la televisión, para permitir así la intervención de parte de los oyentes y telespectadores en el curso de los programas. Pero las posibilidades concretas de diálogo y de intervención autónoma de los interesados están ligadas al advenimiento de los nuevos medios.

Experimentos de televisión interactiva habían sido ya ensayados en los años setenta. Puede recordarse el que fuera quizá más conocido, realizado por la *Qube* en Columbus, Ohio. En el transcurso de las transmisiones de esta emisora de TV por cable se solicitaba a los usuarios que manifestasen sus preferencias, eligiendo entre distintas soluciones, sintetizadas en forma de preguntas que aparecía sobre la pantalla. Con un comando activado en los hogares, los telespectadores expresaban su elección: sus respuestas eran elaboradas por una computadora y de inmediato aparecían sobre la pantalla la distribución porcentual de las preferencias entre las diversas soluciones propuestas.

Este tipo de experimentación prosiguió y prosigue en numerosos países, en forma de teleencuestas, telerreferendo y televotaciones, que adjudican por cierto un papel activo a los ciudadanos, pero que conservan todavía la iniciativa en manos de quienes poseen el poder de proponer las preguntas. En una etapa más reciente, en cambio, han tenido su comienzo distintas experimentaciones que pretenden desplazar la iniciativa hacia el lugar de los ciudadanos-usuarios, a quienes les son concedidas posibilidades crecientes de acción autónoma. Junto al momento de la interactividad emerge así el dato de la personalización.

Mucho se había hablado, por ejemplo, de los quinientos canales que, habilitados por la construcción de las "autopistas electrónicas", permitirían seleccionar de un vastísimo catálogo, para dar el ejemplo más banal, la película preferida, sustrayéndose así a las elecciones impuestas por las redes televisivas. Pero estas nuevas posibilidades no deben ser evaluadas como si nos encontráramos solamente frente a una ampliación cuantitativa de las posibilidades de elección, con una oferta que pasaría desde los diez, veinte o cien canales hoy disponibles (según la tecnología utilizada) a los quinientos canales de las "autopistas electrónicas". La auténtica novedad consiste en el hecho de que la elección puede hacerse en cualquier momento, con la posibilidad de solicitar noticias o fragmentos de programas ya transmitidos, realizando así programas televisivos montados sobre las exigencias y los tiempos de cada interesado.

Los nuevos medios amplían aún más este horizonte. Se tiende a sobrepasar incluso la libre elección de los vínculos propios de la programación. Como se pueden combinar juntamente imágenes, sonidos y documentos obtenidos de las más diversas fuentes, de todo ello resultaría un programa único, que sería una creación directa de su autor. Nos enfrentamos así a un posible pasaje de la pasividad a la autonomía, que la observación de las redes telemáticas muestra con mayor evidencia, pues en ellas la interactividad encuentra sus mayores posibilidades de expansión. En este campo, efectivamente, la personalización y la autonomía se asocian a la posibilidad de intercambio continuo con otros sujetos, de construcción de nuevas subjetividades individuales y colectivas y de superación de la antigua distinción entre productores y consumidores de información.

Esta última es ciertamente la mayor novedad. En las redes no se reproducen las lógicas y las jerarquías tradicionales, y se sobrepasa la dimensión misma de la interactividad. No se amplía solamente la oferta de acuerdo con un proceso que implicaría de todas maneras depender de quien pone a disposición de los otros productos o servicios, conservando así una posición de superioridad y de salvaguardia del núcleo de la comunicación de tipo vertical. Cada uno se convierte a su vez en productor de informaciones, rompiendo las situaciones de monopolio o privilegio y superando la que parecía una condición irrevocable de exclusión. Del diálogo, típico de la interactividad, se pasa al discurso, dirigido a una platea tendencialmente indeterminada e indefinida.

De este conjunto de consideraciones, por ejemplo, se llegó a la conclusión de que el "cerebro" de los sistemas informáticos se desplazará del emisor al receptor, con una acentuada redistribución de los poderes en todo el sector de la comunicación. El televisor, instrumento hasta ahora de recepción pasiva, se convierte en una "terminal doméstica", base de un complejo sistema multimediático (para la información, el entretenimiento y los servicios) que, al mismo tiempo, amplía la posibilidad de participación y de control de la comunicación por parte del usuario. Así se crean también las premisas técnicas para una mayor intervención de los ciudadanos en los procesos políticos en su sentido más amplio. Y comienza a declinar, o de todos modos a reducirse, aun la propia característica "masiva" que definía a todo el sistema de la información, con el retorno, en muchos casos, a lógicas de tipo "editorial", en el sentido de una más articulada diversificación de los productos y de las posibilidades de elección individual,[10] simbolizada por las emisoras de televisión "temáticas".

---

[10] Sobre el pasaje "de la télévision de masse à la télévision fragmentée", véanse las observaciones críticas de J. L. Missika y D. Wolton, *La Folle du logis. La télévisión dans les sociétés démocratiques*, París, Gallimard, 1983.

3. La experimentación local

Hasta ahora, el planeamiento y la experimentación de la interactividad estaban dirigidas sobre todo a las actividades comerciales, a los servicios y a algunas formas de organización del trabajo. Se habla preferentemente de telecompras, telebancos, teletrabajo, y así por el estilo. A éstos se añaden servicios más definidamente sociales, como la telemedicina, la educación a distancia y el acceso directo a bibliotecas o bancos de datos. Los usos políticos más inmediatos, en cambio, quedaron más bien en el trasfondo.

Sin embargo, no faltan intentos o experiencias que atañen a la comunicación política, a las relaciones entre ciudadanos e instituciones, al funcionamiento interno de las administraciones públicas y a la organización autónoma de los ciudadanos. En este aspecto se pueden distinguir las señales de las tendencias en curso más significativas y de sus posibles evoluciones en el futuro inmediato.

En las campañas electorales de numerosos países fueron utilizadas ampliamente las teleconferencias y las vide conferencias, para permitir el diálogo de los candidatos con una multiplicidad de personas que se encontraban en diferentes lugares y alejados entre sí. Primero el correo electrónico y luego las redes se transforman en un canal permanente de comunicación entre políticos y ciudadanos: el caso más conocido y publicitado corresponde a la Casa Blanca, con formas de comunicación que, al menos en sus aspectos fundamentales, permiten a todo norteamericano formular sugerencias o preguntas al presidente Clinton y al vicepresidente Gore, y recibir sus respuestas.[11]

[11] Véase E. Diamond y R. A. Silverman, *White House to Your Hou-*

La comunicación electrónica es también utilizada para permitir a los individuos y a los grupos el envío a los organismos parlamentarios de observaciones o "enmiendas" a los proyectos de ley en tratamiento. Todas estas posibilidades fueron reforzadas y exaltadas desde que la difusión de Internet hizo que ésta se transformase en el lugar privilegiado de la discusión y de la propaganda política, no sólo en los Estados Unidos.

En las administraciones locales se han difundido ya tecnologías bastante simples, que se basan en ventanillas automatizadas a las que los ciudadanos pueden acceder con una tarjeta magnética que les permite obtener informaciones, documentos sobre sus datos cívicos personales y servicios (por ejemplo, reservas para consultas médicas). Y esta tecnología puede ser fácilmente desarrollada transformando las ventanillas en cabinas electorales, en las que los ciudadanos podrían votar con su tarjeta magnética, haciendo más fáciles y frecuentes las consultas electorales. Es sabido, por otra parte, que muchos sistemas interactivos que ya están en operaciones pueden ser fácilmente convertidos en instrumentos para la consulta de los ciudadanos.

Es en la dimensión de los gobiernos locales donde se realiza la experimentación política más intensa de las nuevas tecnologías. Al analizar las distintas experiencias en curso, que pueden detectarse hoy en todos los países industrializados, es posible identificar los principales objetivos perseguidos por los municipios que las promueven:

---

se, cit., en donde se analiza en su totalidad la política de comunicación de la primera campaña presidencial y del primer mandato de Bill Clinton.

a) participación más directa de los ciudadanos en los procesos de consulta y de decisión;

b) recuperación del interés de los ciudadanos en situaciones de participación política en declinación;

c) transparencia de la acción administrativa;

d) acceso directo a informaciones y servicios;

e) gestión directa de parte de los ciudadanos de actividades o servicios;

f) reducción de la discrecionalidad administrativa con incremento de la igualdad en el tratamiento de los ciudadanos.

Se trata, obviamente, de objetivos que no se excluyen entre sí, y las tecnologías empleadas son las más diversas: desde la radio hasta la televisión y las redes telemáticas. Por otra parte, la difusión masiva de instrumentos de acceso directo a las informaciones crea también en el nivel local posibilidades de comunicación más inmediata con los ciudadanos, sobre todo en el sector de los servicios.

En todos estos casos, los efectos más evidentes corresponden a una mayor eficiencia de los servicios, y, sobre todo, a la liberación de los ciudadanos de la dependencia de las burocracias y de las sujeciones de espacio y de tiempo, que se les imponían cuando era necesario trasladarse físicamente y presentarse en determinadas oficinas municipales. El recurso a procedimientos informatizados y a la intervención directa de los interesados, puede crear además las condiciones propicias para un real tratamiento igualitario de los ciudadanos.

Este último efecto es más notable cuando se permite a los ciudadanos conocer directamente los trámites que les atañen (concesiones edilicias, autorizaciones para desarrollar actividades comerciales, etc.). La posibilidad de informarse sin mediaciones sobre la persona que se ocupa de la tramitación, y sobre el estado de la misma, no materializa solamente el derecho a saber del ciudadano sino que inaugura una nueva forma de control directo sobre las modalidades de funcionamiento de la administración.

Las posibilidades de intervención y de control se tornan más incisivas cuando los ciudadanos son consultados o asociados con ciertas decisiones. Esto puede ocurrir de distintas formas: con referendos telefónicos o radiofónicos; con un correo electrónico que permita transmitir las propuestas de los ciudadanos a los administradores municipales; con la creación de *city panels* [encuestas panel] permanentes o convocándolos ocasionalmente a los efectos de abordar cuestiones específicas para evaluar la aceptabilidad social de determinados proyectos. El objetivo de estas distintas experimentaciones es el de acrecentar la participación política de los ciudadanos, injertando formas de democracia directa en las formas habituales de la democracia representativa.

Son ya numerosos los casos que clarifican las tendencias en curso, las experimentaciones iniciadas y los proyectos. Se multiplican las ciudades "cableadas", las ciudades "digitales", expresión, esta última, acuñada para describir la experiencia de Amsterdam donde, entre el 15 de enero y el 1 de abril de 1994, con motivo de las elecciones administrativas, fue experimentada una red cívica consultada 130.000 veces por 12.000 ciudadanos, que tuvieron así acceso a informaciones antes reservadas exclusivamente a los empleados municipales. Esta red cívica sirvió asimismo para evaluar el impulso que los medios electrónicos pueden conferir al debate político. Por ello, durante su campaña electoral, los partidos políticos organizaron oficinas propias en la ciudad digital, poniendo a disposición de todos sus programas y sus opiniones sobre los temas de interés público. Tales oficinas fueron consultadas 4.750 veces durante las diez semanas del experimento. Por otra parte, la ciudad digital permitió acceder a los ciudadanos a Internet, enviar mensajes por correo electrónico y participar en discusiones y debates en red. Y fue también posible acceder a los archivos de artículos y noticias de los tres mayores diarios holandeses, colocando así a los ciudadanos en condiciones de disponer de las informaciones necesarias para evaluar críticamente los datos municipales y los programas de los partidos.

El modelo en que se inspiraron fue el de una ciudad real, provista de una biblioteca, un café, una oficina de correos, una estación, un museo y un centro social para los jóvenes. Los ciudadanos de Amsterdam pudieron acceder a la "ciudad digital" en forma totalmente gratuita, mediante computadoras personales provistas de módem. Para quien no disponía de una computadora, fueron instaladas terminales públicas en distintos puntos de la ciudad, en el palacio municipal, en el policlínico, en las bibliotecas públicas y en algunos museos.

El caso históricamente más conocido, en el nivel local, fue, sin embargo, el del *Public Electronic Network* (PEN) de Santa Mónica, que está en funciones desde 1989 y que es juzgado como una de las experiencias más avanzadas de democracia electrónica. Los ciudadanos pueden utilizarlo como fuente de informaciones, como servicio de correo electrónico entre ciudadanos y entre ciudadanos y administración, y como cartelera electrónica para participar en los debates sobre temas diversos así como en las deliberaciones del consejo y de las comisiones municipales.

Pero éstas son apenas los indicios de un avalancha de experimentaciones que ya se pueden ubicar en una multiplicidad de países, que siguen caminos y tecnologías diferentes, aun si el objetivo común sigue siendo el de "interconectar la sociedad civil" de las ciudades interesadas y de multiplicar las ocasiones de intercambio entre administradores y ciudadanos. Sin embargo, al mismo tiempo se desarrolla la preocupación por los peligros inherentes a tales innovaciones, comenzando por los de su instrumentalización, que están siempre presentes cuando los procedimientos consultivos son dejados en manos de los poderes ejecutivos. El problema esencial es el de garantizar que el ciudadano puede elegir entre un número elevado de opciones posibles; manifestar la intensidad de sus preferencias; dar su consenso condicionado; formular respuestas originales y comentarios; interrogar a su vez al sistema para solicitar clarificaciones y ulteriores informaciones.

Junto a las experiencias locales se experimentaron y se experimentan formas más amplias de consulta y de involucramiento de los ciudadanos en los procesos de decisión política. Se va desde las más alejadas experiencias de televoto en las islas Hawai a las de Oregón; al diálogo entre electores y elegidos de Alaska (donde desde hace tiempo se experimenta la intervención directa de los ciudadanos en el procedimiento legislativo a través del correo electrónico, con "enmiendas" o sugerencias enviadas directamente al parlamento estatal); a las propuestas de utilización de canales especializados en la transmisión de las sesiones parlamentarias como instrumento para la intervención continua de los ciudadanos (aprovechando el modelo del canal televisivo *C-Span*,[12] que transmite integralmente los

---

[12] S. Frantzich y J. Sullivan, *The C-Span Revolution*, cit. Queda así delineada la cuestión de la presencia pública en el ámbito televisivo; véanse también D. Rushton (comp.), *Citizen Television. A Local Dimen-*

debates del Congreso de los Estados Unidos, en California se propuso la posibilidad de añadir una dimensión interactiva a la transmisión de los trabajos parlamentarios del *California Channel*); a la accesibilidad total a los materiales del Congreso de los Estados Unidos por parte de los ciudadanos, en la perspectiva de un pasaje definitivo al Congreso "virtual" que elimine el papel mismo de los representantes políticos.

Cierto es que hasta ahora estas diversas experiencias contaron con una participación bastante reducida de los ciudadanos y que no han registrado casos significativos de decisiones totalmente remitidas a la intervención popular directa a través de las tecnologías electrónicas.[13] Sin embargo, sería un error deducir de estos primeros datos, relativos a una etapa todavía inicial y experimental, señales radicalmente negativas en cuanto a las tendencias en curso y sus posibles evoluciones. Si la prudencia es de rigor en el momento en el que se trata de diseñar el futuro, nos enfrentamos ya a una situación en la cual se acrecentaron las promesas y las expectativas de una participación más amplia de los ciudadanos. Y la sola percepción de esta posibilidad modifica la actitud de los diversos actores hacia las modalidades de funcionamiento del sistema político: se generan nuevas esperanzas, se formulan cada vez con mayor insistencia nuevas preguntas. Basta con lanzar la hipó-

---

sion to Public Service, Londres-París-Roma, Libbey, 1993; W. Hoynes, *Public Television for Sale. Media, the Market and the Public Sphere*, Boulder-S. Francisco-Oxford, Westview Press, 1994; L. K. Grossman, *The Electronic Republic. Reshaping Democracy in the Information Age*, Nueva York, Viking, 1995, pp. 190 y ss.

[13] Véanse los reparos críticos de W. B. H. J. van de Donk, I. Th. M. Snellen y P. W. Tops, "Orwell or Athens? Informatization and the Future of Democracy", en Id. (comp.), *Orwell in Athens*, cit. p. 16.

tesis de la democracia electrónica para iniciar cambios reales en los comportamientos.

4. *El uso social de las nuevas tecnologías*

El conjunto de estas experimentaciones y de estos proyectos evidencia claramente una acentuada tendencia hacia la creación o el fortalecimiento de la ciudadanía "activa". Efectivamente, desde hace tiempo se destaca que al pasaje de la comunicación unidireccional a la bidireccional o interactiva, correspondería casi automáticamente la superación de las condiciones de pasividad del ciudadano-usuario respecto de los tradicionales programas televisivos, y su seguro arribo a las playas de la democracia.

En realidad, una vez más no estamos ante procesos lineales ni ante efectos que se asocian casi automáticamente con el pasaje de una a otra tecnología. Si se analizan, por ejemplo, algunas experimentaciones realizadas gracias a la televisión por cable, se puede comprobar el hecho de que a la posibilidad de respuesta de los ciudadanos no corresponde necesariamente un aumento de su poder. Se puede obtener, en cambio, un incremento sustancial de la legitimación de quien posee el control del medio técnico empleado.

Ya recordé uno de los primeros experimentos de televisión interactiva de los años setenta, el de la red *Qube* de Columbus, Ohio, utilizado para verificar la atracción de un cantante o de un actor o de un hombre político, o bien las preferencias entre las distintas soluciones posibles de un problema administrativo, y así por el estilo. En estos casos, lo que emerge es el "poder de la pregunta", más que el "de la respuesta", según la lógica bien conocida por los investigadores que se ocupan de referendos y de plebiscitos. Me limito aquí a destacar, por ejemplo, que sobre cualquier cuestión política o administrativa podría haber soluciones diferentes de las sometidas al juicio de los espectadores. Si estas otras soluciones no aparecen indicadas, y no pueden por ello ser "votadas", el área de las respuestas posibles se restringe, y, por consiguiente, el poder de elección de los interrogados queda sustancialmente limitado. Por ahora basta con esta comprobación para poner en evidencia que el pasaje de la unidireccionalidad a la interactividad no garantiza automáticamente el crecimiento de la democracia, que no debe hacerse coincidir, de manera simplificada, con la sustitución del silencio por ciertas posibilidades de los ciudadanos de manifestar su propia opinión. Por el contrario, puede crecer el uso del consenso distorsionado de los ciudadanos para dotar de legitimación "democrática" a soluciones que siguen siendo sustancialmente autoritarias, o, de todos modos, ligadas a una elaboración a la cual los ciudadanos permanecen totalmente ajenos. En otras palabras, la interactividad puede ser puesta al servicio de procedimientos de ratificación.

También merece una reflexión crítica la representación en términos de pura pasividad de la situación en la que se encuentran los usuarios de las tecnologías monodireccionales, en primer lugar de la televisión. Fue puesto en evidencia, efectivamente, que a la imposibilidad de ser interlocutores inmediatos de quien envía el mensaje no corresponde necesariamente la condición de absoluta pasividad. No pienso tanto en la situación de (relativa) libertad que el aumento de la oferta concede a las personas –determinada por la multiplicación de los canales televisivos, por la posibilidad de grabar programas y de adquirir casetes y por las múltiples oportunidades ofrecidas por el *video-on-demand* [película solicitada para ser vista en un horario elegido por el usuario] y por la televisión *pay-per-view* [programas accesibles para quien paga para verlos]–, con la consecuencia de que cada uno pueda construir su "programación" televisiva autónoma. Me refiero más bien a las estrategias aplicadas por los telespectadores para escapar a los condicionamientos y para apropiarse del universo tecnológico de una manera no necesariamente subordinada.[14]

La cuestión es, entonces, la del uso social de las nuevas tecnologías, considerado desde el punto de vista de sus destinatarios. Así, al reaccionar ante el planteo que tiende a presentar al usuario como una figura unitaria, el análisis comenzó a dirigirse hacia su "deconstrucción", preguntándose si aquél debiera ser considerado como un simple recibidor de mensajes, como un consumidor o como un ciudadano.[15] Con mayor exactitud, se identifican cuatro "estados" o "dimensiones" en las cuales situar al usuario, correspondientes a su ser *consumidor* de medios y de mensajes, según la lógica del mercado; *productor* de una opinión individual (por ejemplo, al responder a las encuestas), y por lo tanto sujeto que participa en la construcción de la opinión pública; *actor* en el escenario doméstico; y *ciudadano* en el ámbito de la sociedad civil.[16] Además, al considerar las diversas formas de mediación que puedan intervenir, se distingue el *receptor* de mensajes (mediación

---

[14] S. Proulx, "Les différentes problématiques de l'usage et de l'usager", en A. Vitalis (comp.), *Médias et nouvelles technologies. Pour une sociopolitique des usagers*, París, Apogée, p. 152. Sobre las modalidades de recepción de los mensajes, véase P. Bautier, *De la rhétorique à la communication*, Grenoble, Presses Universitaires de Grenoble, 1994, pp. 131-186.

[15] D. Boullier, "Construir le téléspectateur: récepteur, consommateur ou citoyen?", en Vitalis, *Médias et nouvelles technologies*, cit., pp. 63 y ss.

[16] S. Proulx, *Les différentes problématiques*, cit., p. 150.

lingüística), el *utilizador* de medios (mediación técnica), un *usuario* (mediación social), y, por último, un sujeto que se presenta como "*consumidor* o elector cuando, mediante una decisión, administra sus deseos a través de la mediación de la norma".[17]

Esta última observación es particularmente relevante porque, en el marco de la consideración cabalmente analítica del problema, reconstruye el nexo entre esfera privada y esfera pública, entre mercado sin adjetivos y mercado político. Efectivamente, la característica del usuario de las nuevas tecnologías radica precisamente en ser simultáneamente partícipe de distintas dimensiones, hasta llegar a configurar situaciones de indistinguibilidad. Ello no contradice la exigencia analítica y el recurso a los criterios antes señalados, que nos permiten no quedar aprisionados por el esquema de la pura pasividad del usuario, de su ilimitada disposición a ser manipulado y de su sumisión absoluta a los *diktat* de la oferta, tanto comercial como política. En cambio, la identificación de los diferentes estados y de las distintas dimensiones de la acción del usuario muestra que éste es capaz de recurrir a una serie de estrategias de respuesta. Aun en ausencia de un diálogo directo con el administrador del medio o el emisor del mensaje, ellas le permiten emplear astucias, tácticas de "cazador furtivo", subterfugios selectivos para evitar las trampas publicitarias y sustraerse a las presiones y a los intentos de condicionamiento, aprovechando de los medios y de los mensajes lo que más se adecua a sus intereses. La atención se desplaza así a los "usos" y "gratificaciones" que definen al usuario *activo*.

Llegados a este punto, sin embargo, surgen distintos interrogantes. ¿Es suficiente recurrir con exclusividad a las

---

[17] D. Bouiller, "Construir le téléspectateur...", cit., p. 64.

estrategias de contención y de defensa? ¿Cuántos son los que logran realmente escapar al destino de "adictos de la pantalla chica"? ¿No es acaso necesario pasar de las estrategias defensivas al planeamiento y a la atribución de poderes reales a los usuarios de las nuevas tecnologías?

Estas preguntas identifican un problema y una tendencia. Ya habíamos destacado la progresiva modificación de la esfera pública determinada por la "invasión" de parte de las lógicas del consumo, de manera tal que también la política y sus manifestaciones terminan por ser consideradas una mercancía entre otras. Las últimas observaciones muestran también un movimiento en la dirección opuesta, ya que la atribución de poderes específicos a los usuarios de las nuevas tecnologías es relacionada con las características propias de éstas, y no tan sólo de la tradicional exigencia de defensa del consumidor. En definitiva, el carácter invasor de tales tecnologías impide considerarlas como encerradas en la esfera del consumo, aun cuando en lo inmediato parezcan dirigidas exclusivamente a su promoción; aun el propio modo de ser del ciudadano es acosado hasta el punto de requerir ya instrumentos que le consientan reaccionar frente a dichas estrategias, que inciden de manera global sobre las elecciones individuales y colectivas. Las nuevas tecnologías hacen cada vez menos aceptable la escisión entre ciudadano y consumidor, y refuerzan el vínculo entre modelos sociales y modelos de comportamiento político (no por casualidad, al analizar el éxito de Silvio Berlusconi se recalcó que la celeridad de su triunfo se debió también a que encarnaba para una parte consistente de la opinión pública, el modelo lanzado precisamente por sus redes televisivas).

La reducción del ciudadano a usuario choca así con una tendencia dirigida no sólo a reaccionar ante tal reducción, sino a transferir integralmente lógicas de tipo democrático en el área de los usos sociales de la tecnología. La democracia electrónica se encarga también de esta misión, y se alimenta a la vez de esta esperanza (¿ilusión?).

De todas maneras, el examen de estos temas no surge solamente de la lectura de las nuevas tecnologías en clave de "reflexividad social", adoptando el punto de vista de quien se sirve de ellas. Acompaña desde su origen las experiencias de acceso directo de los ciudadanos a ciertos servicios, como los del registro civil. En este sentido, el recurso a la informática permitió, en un número creciente de municipios, obtener documentos sin tener que presentarse en las oficinas municipales, utilizando en cambio las ventanillas electrónicas instaladas en distintos puntos de la ciudad, a las cuales los ciudadanos pueden acceder en cualquier momento con una tarjeta magnética.

Esta innovación es criticada sosteniendo que, de tal manera, se hace recaer sobre los ciudadanos la responsabilidad de administración de un servicio que, en cambio, debía mantenerse a cargo de la burocracia municipal. Pero así se elimina el dato esencial, que consiste precisamente en la "liberación" de los ciudadanos de los vínculos burocráticos que, para obtener un documento, los obligaban a desplazamientos físicos relevantes y los constreñían dentro de los horarios de apertura de las oficinas municipales. El modesto compromiso exigido por la administración "directa" del servicio está ampliamente compensado por la simplificación de la vida cotidiana que ello hace posible.

Los problemas surgen, más bien, cuando la estrategia de redefinición de las relaciones entre instituciones públicas y ciudadanos se detiene en este punto. Sucede entonces que los ciudadanos permanecen alejados del control efectivo de los procedimientos de decisión o de gestión que pueden interesarlos de manera más o menos inmediata. Y aun cuando se amplía el área de su intervención o de su participación, ésta es rigurosamente limitada, con frecuencia, a los casos en los que no tienen incidencia sobre la utilización de los recursos financieros o de otro tipo, sobre los que se basa el poder real de los administradores.[18] Un plan dirigido exclusivamente a satisfacer exigencias internas de la administración puede, por añadidura, provocar dificultades mayores a los ciudadanos que deben acceder a determinados servicios, debido al carácter abstracto de los procedimientos informatizados y a la pérdida de la relación personal con los encargados del sector.

Al dirigir la mirada a este horizonte más amplio, se capta una multiplicidad de problemas que indican con mayor precisión cuáles son los caminos a explorar para que el tema de la democracia electrónica se torne concreto. Las estrategias de ataque y de respuesta y el juego de la distribución de los poderes nos llevan más allá del esquema simplificado que contrapone la plenitud de la democracia electrónica a la pesadilla de la sociedad del control total, a la imagen del Gran Hermano. Nos enfrentamos a una multiplicidad de procesos reales, que deben ser examinados; a una multiplicidad de actores que habrá que conocer mejor.

---

[18] J. N. Danzinger, W. H. Dutton, R. Kling y K. L. Kramer, *Computers and Politics. High Technology in American Local Governments*, Nueva York, Columbia University Press, 1982.

CAPÍTULO TERCERO

Vicisitudes de la soberanía

1. *La fragmentación del soberano*

Una descripción dudosa, cuyo enfoque nunca ha sido criticado lo suficiente, propone la idea del desarrollo lineal de la democracia, que encontraría su consumación precisamente en virtud de las posibilidades ofrecidas por las nuevas tecnologías en el sentido de someter toda decisión al voto de los ciudadanos. "Televoto", por lo tanto, se convierte en la palabra clave, punto de llegada de una evolución iniciada desde el sistema de representación limitada, que luego habría atravesado las etapas de un sistema de representación extendida, de un sistema representativo con elementos de participación y de un sistema participativo con elementos de representación, para arribar finalmente a un sistema de participación plena.[1]

Las asociaciones demasiado estrechas entre proyectos políticos y posibilidades tecnológicas deben siempre con-

---

[1] Es el esquema adoptado, por ejemplo, por C. D. Slayton, *Televote. Expanding Citizen Participation in the Quantum Age*, Nueva York-Westport (Ctc.)- Londres, Praeger, 1992, donde se manifiesta la preferencia por el sistema participativo con elementos de representación.

siderarse con gran prudencia. Está fuera de dudas, sin embargo, que hoy nos enfrentamos a una verdadera crisis de las formas tradicionales de la democracia representativa, que puede traducirse (y ya se traduce) en el rechazo de las instituciones por parte de numerosos ciudadanos. Ya que uno de los posibles caminos de salida puede ser logrado por la integración entre las formas de la democracia representativa y las formas de la democracia directa, es justo preguntarse si las tecnologías de la información –haciendo posible una asociación más inmediata de los ciudadanos con las etapas de la propuesta, de la decisión y del control– podrán ayudarnos a inventar la democracia del siglo XXI.

Si se pretende entonces discutir seriamente de tecnología y de democracia, es necesario evitar las versiones reductivas tanto de una como de la otra. Los instrumentos puestos a nuestra disposición por las distintas tecnologías de la información no deben ser considerados exclusivamente como medios que posibilitan el sufragio cada vez más fácil, rápido y frecuente. De tal modo se adoptaría una visión restringida de la democracia, que ya no sería considerada como proceso de participación de los ciudadanos sino tan solo como un procedimiento de ratificación, como un perpetuo juego del sí y del no. Y al que jugaran ciudadanos que, sin embargo, permanecen al margen de la etapa preparatoria de la decisión: la de la formulación de las preguntas a las cuales deberán responder. El cambio conceptual y político es evidente. La democracia directa se convierte exclusivamente en democracia referendaria y, en el horizonte, se perfila en todo caso la democracia plebiscitaria.

¿Es posible escapar a este planteamiento de las relaciones entre tecnología y democracia? Para poder lograrlo, es necesario sobrepasar la identificación de la democracia electrónica con la lógica de tipo referendario y analizar las múltiples dimensiones del problema, que atañen a los efectos de las tecnologías de la información sobre las libertades individuales y colectivas; a las relaciones entre administración pública y administrados; a las formas de la organización colectiva de los ciudadanos; a las modalidades de participación de los ciudadanos en los diversos procedimientos de decisión pública; a los tipos de consulta de los ciudadanos; a las características y la estructura del sufragio. No son éstas, empero, cuestiones separadas, sino facetas de un tema único, que podrá ser comprendido mejor en su dimensión de conjunto si se tienen en cuenta, por ejemplo, los efectos sobre el sistema político de las distintas tecnologías de la información desde el ya mencionado punto de vista de la soberanía.

El fenómeno de la "fragmentación del soberano" puede ser percibido al considerar las formas de comunicación política que se sintetizan en fórmulas como "teledemocracia", "videocracia" o "videopolítica", a las cuales se añade la dimensión de la "encuestocracia". El medio televisivo y la técnica de las encuestas modifican efectivamente el sentido de todas las presencias en la "plaza electrónica", reforzando la dimensión personal de la política, tanto hacia el costado de sus protagonistas como hacia el que corresponde a la platea de los ciudadanos.

Se afirmó repetidamente que la televisión tiende no sólo a convertirse en un medio que exalta el momento personalista de la política, sino también en el lugar de la selección misma del personal político, que se desenvuelve con modalidades y técnicas no comparables con las del pasado. La televisión, sobre todo, si se asocia con otras tecnologías de la información (bancos de datos, números telefónicos de uso gratuito, etc.), permite la sustitución global de todos los otros canales de acceso a la política, consintiendo la creación "desde la nada" de una figura pública en condiciones de competir inmediatamente con los protagonistas ya experimentados de la política. Los nuevos datos que se deben considerar están representados, por una parte, por la rapidez con la cual puede concretarse esta aparición en la escena pública. Y, por la otra, en su realización exclusiva en la dimensión de la comunicación, eliminando radicalmente todas las formas tradicionales de aprendizaje político (pertenencia a un partido, actividad en organizaciones sociales, y otras).

Al examinar la más reciente experiencia estadounidense, se puede comprobar que, en el caso de Perot, el alto índice de aprobación obtenido en las encuestas convirtió de golpe a este desconocido empresario en un candidato de nivel igual al de Clinton o Bush, superando aun la necesidad de instituciones tales como las elecciones primarias o haciendo totalmente superfluo el aparato partidario. Frente al papel así asumido por las nuevas formas de la comunicación política podríamos sentirnos tentados a reformular una vieja pregunta, tantas veces planteada ante el poder de los periodistas: "¿quién eligió a la prensa?" Pero, en los casos aquí considerados, la aparente objetividad de los procesos convierte en improcedente tal pregunta, porque nos enfrentamos a tecnologías que se legitiman por el solo hecho de existir.

Al caso de Ross Perot se le puede agregar uno italiano. El presidente de la República, Francesco Cossiga, entre fines de 1990 y la primavera de 1992, construyó una posición política a través de su presencia masiva y continuada en los programas televisivos, con una fuerza que procedía también de la agresividad de su lenguaje y de la absoluta imposibilidad de réplica por parte de quienes mantenían posiciones divergentes.

Este último ejemplo enfatiza el carácter de comunicación *vertical* típico de la tradicional comunicación televisiva. Se puede añadir que, junto al caso Perot, plantea el problema de una especie de concordancia entre esta forma de comunicación y la visión populista de la política, no solo por la simplificación del mensaje que habitualmente la acompaña, sino también porque desemboca en un mensaje dirigido sin intermediarios a los ciudadanos, puenteando totalmente el circuito de las instituciones representativas.

Pero, dejando de lado las consideraciones sobre las eventuales características populistas del sistema político, lo concreto es que todas las formas de comunicación vertical determinan la recepción pasiva, aun cuando sea moderada por las estrategias de defensa que aplican los usuarios. A ello se debe añadir que la comunicación televisiva tiene como efecto la formación de opiniones de los destinatarios del mensaje fuera de los lugares de tipo comunitario y sin la posibilidad de su inmediata confrontación. El conjunto de los ciudadanos –el "soberano"– resulta así segmentado y tendencialmente reducido a una multiplicidad de individuos que no están intercomunicados.

Es en esta perspectiva que se puede evaluar mejor la disolución de las formas de organización del soberano típicas de la etapa histórica más reciente, en primer lugar de los partidos y de los sindicatos. Más allá de otras funciones, el partido político, en la era pretelevisiva, se presentaba también como el protagonista de la comunicación política directa (asambleas públicas, actos, contactos permanentes de los miembros del partido con los ciudadanos), y, sobre todo, coral, y por lo tanto, en cierta medida, despersonalizada. El partido político, efectivamente, tenía la necesidad de establecer una multiplicidad de contactos en el espacio y en el tiempo, y debía para ello desplegar sobre el terreno una verdadero ejército de "comunicadores". Su relación con los ciudadanos era, por consiguiente, de tipo coral: también cuando el partido se identificaba con una *personalidad* particularmente fuerte, el contacto con los ciudadanos requería la necesaria mediación de una miríada de otras *personas*, casi siempre más próximas y visibles que el hombre político lejano e intocable.

Las múltiples técnicas que están actualmente al servicio de la política, y más precisamente de las personas que la encarnan, modifican radicalmente el panorama arriba descrito. El político, candidato en las elecciones, o de todos modos interesado en la comunicación con los ciudadanos, puede disponer hoy de instrumentos que eliminan la dimensión espacial y temporal que imponía formas de intermediación personal. Las videoconferencias, las videocasetes, el correo electrónico, el uso de las redes le permiten la permanencia continuada y autónoma en los lugares y en los momentos más diversos. Se concreta así la ubicuidad, y, por lo tanto, la irreductibilidad del hombre político a la medida de los otros sujetos. Se acrecienta, en las apariencias, la "disponibilidad" del hombre político para los ciudadanos; pero, en la realidad, su oferta política se reduce.

Sin embargo, en este terreno se puede comprobar la existencia de una distancia entre los viejos y los nuevos medios. El máximo de exposición pública del hombre político, y por lo tanto de transparencia y controlabilidad, parecía haberse conseguido con las grandes entrevistas o los "duelos" televisivos, que deberían permitir a los ciudadanos disponer de una información más completa y, por lo tanto, de una más rica posibilidad de juicio y de participación. En la realidad, la previa negociación de las preguntas que efectuarán los periodistas, o su función de filtro para el caso de intervenciones de un público presente o conectado telefónicamente, la elevada posibilidad de respuestas ambiguas o parciales sin las réplicas adecuadas y el papel preeminente que asumen, en este contexto, los propios periodistas, han determinado, por una parte, que estos debates se hayan transformado en un rito interno del *establishment*, y, por la otra, que los momentos espectaculares tomen frecuentemente la primacía sobre la argumentación política.[2]

Por el contrario, la comunicación en red, si bien sigue permitiendo al político el uso de filtros y de tácticas de distracción, aumenta su exposición al público. Se incrementa sobre todo la posibilidad de un contacto directo y *continuo* por parte del ciudadano, y se torna cada vez menos aceptable la pretensión de circunscribir preventivamente el área de sus intervenciones.

Mientras tanto, la propia identidad del partido político resulta profundamente transformada. Puede sobrevivir como "máquina", como invisible soporte técnico del hombre político y sobre todo del candidato en las elecciones, pero pierde progresivamente su subjetividad. Y esta desaparición de los momentos colectivos en la comunicación política, tanto del lado de quien comunica como del que recibe la comunicación, incide sobre las modalidades

---

[2] Véase, como ejemplo, el análisis de una de las más conocidas transmisiones televisivas francesas, L'heure de la verité, realizada por G. Drouot, "La politique des ondes: des premières émissions aux campagnes actuelles", en Id. (comp.), *Les campagnes électorales radiotélévisées*, Aix en Provence-París, Presses Universitaires d'Aix-Marseilles-Economica, 1995, pp. 25-26.

de constitución del "soberano", unificado por referencias personales cada vez más marcadas, pero disgregado por las modalidades mismas de la comunicación.

Al mismo tiempo, la política "se transforma de *labor intensive work* [mano de obra intensiva], que requiere gastar muchas suelas de zapato y estrechar manos, en *capital intensive work* [trabajo capital intensivo], que exige medios financieros para la publicidad y los contactos postales directos. El dinero y los medios sustituyeron a los contactos personales como principales fuentes de energía política".[3] Esta transformación distorsiona la actividad política en su conjunto, dedicada de modo creciente a la búsqueda de medios financieros, con una dependencia cada vez mayor de los intereses de los financiadores. No por casualidad John Rawls indicaba el camino del financiamiento público como el único que podría liberar la política de la influencia dominante del dinero.[4] Una indicación que hoy parece todavía más importante, en un momento en el cual las tecnologías de la información y de la comunicación multiplican el costo de la política. Ésta, además, por su creciente personalización, posibilita una presión directa cada vez más intensa del financiador sobre el político, ya sin los filtros o controles que, bien o mal, imponía la existencia del partido.

La transformación (¿disolución?) del otro gran mediador social, el sindicato, transcurre por otros caminos. La fábrica no es más "la universidad de la clase obrera", el lugar donde miles de personas convivían en una red de relaciones que, por su intensidad y duración, superaban to-

---

[3] L. K. Grossman, *The Electronic Republic*, cit., p. 122.
[4] J. Rawls, *A Theory of Justice*,* Cambridge (Mass.), Harvard University Press, 1971, pp. 225-226.

da otra relación social y que confinaba a un ámbito restringido aun la misma vida privada. Hoy, a la reducción del peso del trabajo vivo en el proceso productivo se añaden la descentralización empresaria, el recurso a la informática y las diversas formas de flexibilidad del trabajo, incluido el teletrabajo, que terminan por delinear una fábrica "difusa". En ella desaparece el antiguo vínculo social de manera irreversible, las dimensiones se reducen y desaparecen los grandes grupos humanos y la tendencia apunta a la separación de los trabajadores. No está en discusión sólo el modo de ser del sindicato: corre el riesgo de tornarse inasible el propio sujeto de la organización.

No es por cierto posible discutir este conjunto de hechos, soñando con imposibles retornos al pasado. La cuestión real es otra: ¿las técnicas destructivas del modo de ser de los mediadores tradicionales tienen como única salida la exaltación del momento personal en la acción pública y en la separación de los individuos, o ese conjunto de técnicas abre igualmente el camino al surgimiento de nuevos sujetos colectivos, de formas diferentes de organización social?

2. *El eclipse del interés general*

La fragmentación/descomposición del soberano se distingue aún más directamente si se examinan las técnicas ya ampliamente adoptadas con motivo de las campañas electorales. Para el contacto con los electores son preferidos los instrumentos ya elaborados para el *direct marketing* [Técnicas de venta dirigida a personas de un segmento específico del mercado] de los productos de consumo. Se recurre así a las listas de direcciones que identifican categorías diferenciadas de electores según sus intereses e ingresos y a sus hábitos culturales y de consumo, y se llega a ellos con casetes de vídeo y radio, mensajes telefónicos y cartas personalizadas. No sólo el candidato se presenta de tal manera sin necesidad de mediaciones, sino que la personalización se extiende también hacia el lado de los destinatarios de la comunicación. Y mientras el sistema de los medios de comunicación tradicional todavía conservaba (y en parte conserva) una actitud unificadora, dirigiéndose a la opinión pública en bloque y teniendo la necesidad de contar con una audiencia masiva, el marketing político posee un efecto inmediato de descomposición de ese universo, y por lo tanto de una ulterior fragmentación del soberano.[5]

Esta tendencia está destinada a acentuarse con el avance del análisis de las preferencias de los ciudadanos y de la construcción de perfiles individuales, familiares y de grupo. Pero la oferta política, cada vez más cuidadosa y personalizada, no se presenta exclusivamente como la consecuencia de una mayor capacidad y de la voluntad de distinguir los deseos reales de los electores. Llega a funcionar, sobre todo, como un ulterior y más fuerte incentivo del localismo y del corporativismo y de la fragmentación del "interés general" en una miríada de intereses contradictorios y no compatibles. Se asiste así al registro cada vez más riguroso de todo lo que está presente en la sociedad civil, ya sea para llegar a una especie de abdicación de

---

[5] Sobre la "voter segmentation", véase B. I. Newman, *The Marketing of the President Political Marketing as Campaign Strategy*, Thousand Oaks-Londres-Nueva Delhi, Sage, 1994, pp. 63-84 (con un análisis de las estrategias de segmentación del "mercado" de Bush, Clinton y Perot en 1992, pp. 75-84). Sobre estos problemas, véase también S. Albouy, *Marketing et communication politique*, París, L'Harmattan, 1994, pp. 72-105.

la política, entre cuyas funciones debería estar también la de ordenar y seleccionar las demandas sociales, en vez de reducir el hombre político a un simple "oído electrónico",[6] o ya sea para terminar con un falseamiento de la política misma, evidenciado por la creciente separación entre las promesas ligadas a la comunicación personalizada y los programas que luego son efectivamente propuestos y realizados.

El frente de la "oferta" política se articula y se fragmenta. Comprende no sólo las hipótesis no compatibles entre sí, o difícilmente compatibles: termina por presentarse como un conjunto de compartimientos estancos, carentes de intercomunicación. La fragmentación del soberano, y la consiguiente segmentación de la sociedad, repercuten necesariamente sobre el "proyecto" político, o, al menos, sobre la manera en que llega a ser formulado y sobre las posteriores acciones para su concreción. En lo que respecta a los electores (y, más en general, a los ciudadanos), el énfasis puesto en los programas sectoriales, cortados a la medida de grupos determinados, implica una reducción de la capacidad de los ciudadanos mismos de evaluar sus propios intereses en el contexto general, y, por lo tanto, reflexionar acerca de posibles alternativas.

La función del elegido se distorsiona especularmente. La videopolítica, reforzando las pretensiones corporativas y el localismo, empuja al elegido a ligarse cada vez más a los intereses de sector, a los microintereses locales. Una vez que el "programa" electoral queda compuesto por una multiplicidad de "propuestas" electorales, a las cuales el candidato confía sus posibilidades de éxito, se hace más

---

[6] W. B. H. J. van de Donk, I. Th. M. Snellen y P. W. Tops, *Orwell in Athens*, cit., p. 3.

ardua la posterior tarea de recomposición. Si se añade el hecho de que tales propuestas son con mayor frecuencia el resultado de una cuidadosa operación de reconocimiento previo de las propensiones del electorado, mediante técnicas particularmente esmeradas (encuestas, *focus groups*), el elegido termina, mucho más que en el pasado, por proponerse y convertirse en el portavoz de una comunidad restringida o del interés de un sector.

Al obrar de tal modo quedan puestas en duda algunas características esenciales de la tradicional representación democrática: el elegido como representante "del pueblo" o "de la nación", la ausencia de un mandato vinculante. En su lugar se imponen la representación sectorial y el vínculo absoluto con el territorio y las categorías que posibilitaron su elección, reduciendo drásticamente la independencia del elegido y eliminando "–como entidad abstracta– el bien común".[7] En definitiva, decae la figura del elegido como representante de un pueblo reconstruible en torno de rasgos comunes, y, por lo tanto, la premisa misma que posibilita el hablar de un interés general.[8]

En las páginas de numerosos investigadores sobre los temas de la tecnopolítica aparecen referencias a Edmund Burke y a su discurso a los electores de Bristol en 1774, en el cual se subrayaba precisamente el deber del elegido de mantener su independencia de las opiniones de los electores como condición de la normal deliberación parlamentaria. Pero, para poder ser reelecto, Burke tuvo que cambiar después de colegio electoral, refugiándose en uno de

---

[7] G. Sartori, "Videpolitica", en *Rivista italiana di scienza politica*, 1989, p. 197.

[8] Sobre las redes no se encuentra la dirección de ningún grupo indicado como *alt.trascendent-public interest*, a pesar de la multiplicación de los *newsgroups*: "Hyperdemocracy", en *Time*, 23 de enero de 1995, p. 20.

esos *rotten borough* que liberaban al parlamentario de la obligación de complacer a su electorado. Y hoy, para quien quiera permanecer fiel al modelo de representante libre de todo mandato vinculante, aumentó sin ninguna duda el riesgo de no ser reelecto, en un clima profundamente influido por una "cultura apasionada por las encuestas y por las comunicaciones telefónicas directas, típica de los años noventa".[9]

El pasaje de la dimensión nacional a la local –como signo ulterior de la descomposición que, sin embargo, no asume necesariamente características negativas– puede percibirse al comparar algunos datos relativos a las campañas presidenciales de 1984 y de 1968 en los Estados Unidos. Los gastos en *news* [programas de noticias] transmitidas por los *networks* [cadenas de televisión] descendieron de 43,6 a 38,5 millones de dólares, con una caída porcentual de 28,2% a 16,8% sobre la totalidad de las inversiones que se realizaron en las emisoras locales. Y el desplazamiento de la atención hacia dichas emisoras se percibe todavía mejor si es considerada la entidad global de las inversiones en este sector, que pasa de los 110,1 millones de dólares de 1984 a los 189,3 millones en 1988. En el curso de las últimas campañas electorales esta tendencia se ha afirmado. Poco después del lanzamiento de la candidatura de Ross Perot, jugada totalmente sobre el contacto más directo con los ciudadanos, se hizo público el desplazamiento de recursos de George Bush hacia 600 emisoras televisivas locales.

Esta ubicación diferente de la política, que emigra desde el espacio electrónico nacional hacia el local, es acom-

---

[9] E. Diamond y R. A. Silverman, *White House to Your House*, cit., p. 136. Sobre "Dial-in-Democracy", véase B. I. Newman, *The Marketing of the President*, cit., pp. 135-151.

pañada por un cambio de su ubicación también en el interior del sistema televisivo. En los espacios tradicionales, los de las *news*, el tiempo de comunicación directa por parte de los políticos se redujo y al mismo tiempo se modificó, asumiendo la forma ya mencionada del eslogan, del "toque" realizado en un puñado de segundos. Y en ello se percibe una contradicción evidente con el objetivo de promover el nacimiento de la democracia "deliberativa", fundada sobre la argumentación y el diálogo.

Esta reducción en los espacios tradicionales coincide, empero, con una expansión de la comunicación política en los puestos del entretenimiento televisivo, que se convierten en los más deseados y privilegiados. Liberada de la angustia de ocupar los lugares consagrados, ¿la política se amplía o tan sólo se diluye, modelándose preferentemente según la lógica de los programas en cuyo transcurso es "presentada"? Una de las tantas respuestas posibles atañe a la cuestión de la "agenda", de la selección y del orden de los temas que la política sufre como imposición cuando se presenta en el espacio tradicional de las noticias: esta imposición tiene menos peso cuando son otros los espacios, como los que se dedican habitualmente al entretenimiento, al espectáculo, donde los cánones son distintos y el político reconquista su libertad de movimientos. La agenda política quedaría así fuera de las lógicas tradicionales, que reflejaban las exigencias de elites restringidas y de los notables.

Se trata de una de las tantas hipótesis que acompañan a las discusiones sobre la agenda[10] y que oscilan entre in-

---

[10] Fueron sobre todo las investigaciones de M. E. McCombs las que impusieron la noción de *agenda-setting;* véanse al respecto M. E. McCombs y D. L. Shaw, "The 'agenda-setting' function of mass media", en *Public Opinion Quarterly*, 36, 1972, pp. 176-187; M. E. McCombs, "Explorers or surveyors: Expanding strategies for 'agenda-set-

sistir sobre la influencia decisiva ejercida todavía por la televisión en su configuración y la reducción de esta influencia, que estaría determinada, entre otros factores, por la multiplicación y la especialización de los canales televisivos. La atención concentrada sobre este fenómeno es lo que indujo precisamente a reconocer que la multiplicidad de los canales relanzó e hizo más extensa la influencia de la televisión en la configuración de la agenda, permitiendo por añadidura su penetración en áreas de intereses y esferas de la vida que se encontraban con anterioridad a resguardo de este tipo de medios. La fragmentación del soberano y la disolución del interés general encontrarían así un terreno más de confirmación, imponiendo también una evaluación menos expeditiva de la declinación de la televisión generalista. Ésta, efectivamente, habría cumplido con una función unificadora, definiendo un área común de intereses y de discusión. Y si ello era tan solo el fruto de una imposición y de la ausencia de posibilidades concretas de elección, contribuía, sin embargo, a crear las condiciones de reconocimiento mutuo y de posibilidad de diálogo que el advenimiento de las miles de emisoras temáticas elimina inexorablemente.

---

ting' research", en *Journalism Quarterly*, 69, 1992, pp. 813-824. Para un balance de la literatura, véase "The evolution of 'agenda-setting' research: Twentyfive years in the marketplace of ideas", en *Journal of Communication*, 43, 1993, pp. 58-67; para una evaluación crítica puntual, véanse J. Charron, "Les médias et les sources. Les limites du modèle de 'l'agenda-setting'", en *Hermès*, 17-18, 1995, pp. 73-92; L. Vilches, *La télévision dans la vie quotidienne. État des savoirs*, París, Apogée, 1995, pp. 111-115.

3. La encuestocracia

La "encuestocracia" identifica una dimensión en la cual se mezclan indistintamente mensajes, consultas y decisiones. A diferencia de los casos antes mencionados, que nos mostraban una fragmentación del soberano causada por la exasperada individualización de los intereses, en este terreno el efecto de la fragmentación se concreta mediante la separación del cuerpo general de los ciudadanos de algunos grupos legitimados para expresar sus opiniones.

Es sabido que al "padre" de las encuestas, George Gallup, lo había motivado en los inicios una intención muy diferente: obrar de manera tal que en la nación en su totalidad pudiera funcionar el modelo de democracia directa que, en la tradición estadounidense, está ligado a la experiencia de los *town meetings* [asambleas abiertas] de Nueva Inglaterra. Pero esta hipótesis, referida a una realidad que estaba profundamente vertebrada por la lógica representativa, revestía de inmediato un significado polémico. Precisamente Gallup sostenía en forma explícita que la mayoría de la opinión pública, y no la parlamentaria, debía ser considerada como *the ultimate tribunal* [tribunal de última instancia] para las cuestiones políticas y sociales.

Los límites de este planteo se mostraron con toda evidencia a muy corto plazo, mientras, por el contrario, se revelaba la utilidad inmediata de los sondeos fundamentalmente para las investigaciones de mercado, y poco a poco se manifestaba también su capacidad no tan sólo para medir la temperatura de la opinión pública, sino incluso para manipularla.[11] Simultáneamente, la difusión

---

[11] Una útil reseña se puede encontrar en D. W. Moore, *The Superpollster. How They Measure and Manipulate Public Opinion in America*,

de las encuestas modificaba profundamente el modo de comprender y percibir la opinión pública, cuyas actitudes eran ahora expresadas exclusivamente mediante cifras. Al poder "condensar eficazmente los sentimientos políticos en símbolos numéricos, la opinión pública se convirtió en una mercancía".[12]

El aumento permanente del recurso a las encuestas es también una consecuencia de las posibilidades brindadas por las tecnologías de la recolección y del tratamiento de las informaciones, que favorecieron la reducción de la muestra necesaria para obtener relevamientos confiables, el incremento de su representatividad y el achicamiento de los márgenes de error. En los Estados Unidos, los profesionales del sector sostienen que una muestra de mil personas está ya en condiciones de suministrar respuestas que se alejan solamente en 3-4 % de las que se obtendrían con una consulta de todo el electorado, como por ejemplo la propia elección del presidente de los Estados Unidos.

Se llega así a un máximo de artificiosidad en la individualización del soberano, resuelta integralmente en una construcción estadística y demoscópica. La acentuación del resultado idéntico (o casi) entre una encuesta restringidísima y la manifestación universal del voto no puede ocultar el hecho de que, siguiendo este camino, se arriba a la negación de la democracia como proceso común y difundido de comunicación, aprendizaje y confrontación.

Nueva York, Four Walls Eight Windows, 1992. Véase además T. E. Mann y G. R. Orren (comps.), *Media Polls in American Politics*, Washington D. C., Brookings Institution, 1992.

[12] S. Herbst, *Numbered Voices. How Opinion Polling has Shaped American Politics*, Chicago-Londres, University of Chicago Press, 1993, p. 153.

Aun si se considera a la encuesta como el punto de llegada de un proceso social, no se puede ignorar que precisamente en dicho punto se acciona el mecanismo de exclusión de la casi totalidad de los ciudadanos. Ello restringe dramáticamente el demos y permite la emergencia exclusiva de grupos reducidos que están habilitados para hablar en nombre de todos.

Queda así totalmente deslegitimado el momento electoral, tradicionalmente comprendido como el acontecimiento que resumía la soberanía popular, y en cuyo lugar aparecen técnicas caracterizadas por una reducción institucional de la composición del soberano. Cierto es que la reducción del soberano, mediante el empleo de estrategias deliberadas o por efecto de particulares condiciones políticas, es un fenómeno no precisamente desconocido. Basta pensar en las diversas formas de reducción del sufragio, en los obstáculos opuestos al ejercicio del derecho al voto (por ejemplo, mediante la obligación del registro previo), y en las situaciones en las cuales el abstencionismo supera ampliamente el porcentaje de votantes. Pero el recurso a las técnicas de muestreo actúa la sustitución cualitativa del cuerpo electoral por un sujeto diverso colocado en su lugar.

Otra transformación cualitativa más proviene del hecho de que la encuesta permite recurrir a la "consulta" de los ciudadanos con tales características de celeridad y de frecuencia que eran impensables en todo tipo de consulta electoral. Pero es ésta una comprobación que no autoriza las confusiones entre la posibilidad de aplicar formas continuadas de relevamiento de las opiniones y la difusión de las formas de la democracia o el inicio de una verdadera democracia directa. Es indudable que las encuestas permiten relevamientos puntuales y cada vez más actualizados de necesidades y tendencias, permitiendo así evitar la separación demasiado acentuada entre la clase política y la opinión pública y dar respuestas rápidas a demandas reales. Al mismo tiempo, sin embargo, se puede determinar concretamente la creciente dificultad para la planificación a largo plazo y, más específicamente, para las decisiones impopulares. En efecto, la verificación inmediata de las reacciones de la opinión pública puede traducirse en reacciones de indiferencia (y, por lo tanto, en falta de apoyo) hacia las decisiones destinadas a producir efectos alejados en el tiempo; y, sobre todo, en reacciones de hostilidad hacia las decisiones destinadas a incidir negativamente sobre los intereses de cualquier grupo en particular.

En otras palabras, la encuestocracia altera los ritmos de un sistema en el cual la democracia representativa, con sus verificaciones electorales distanciadas en el tiempo, permitía metabolizar las decisiones impopulares (que, no por casualidad, todavía se aconseja adoptar al comienzo del mandato o de una legislatura) y hacer visibles las consecuencias de las políticas de largo plazo. Se corre así el riesgo de que se convierta en estable un factor considerado hasta ahora como un elemento de perturbación del correcto funcionamiento del sistema, esa carrera para aprobar medidas capaces de ganar el consenso de los grupos más variados que se desencadena al término de todo período legislativo o ante la inminencia de las elecciones. Para aventurar un ejemplo, se pueden encontrar en ello los rasgos de un fenómeno que se manifiesta en el sistema empresarial, donde la propensión de numerosos inversores a obtener réditos de corto plazo dificulta la adopción de políticas de planificación tendientes a procurar ganancias en lapsos más amplios.

Más en general, se debe señalar que las tecnologías electrónicas facilitan cada vez más el recurso a encuestas frecuentes y generalizadas. Se está determinando así un desplazamiento global de la atención desde la circunstancia electoral (singular y periódica) a las encuestas (múltiples y repetibles en cualquier momento). Pero el predominio sustancial que terminaría con el hecho de estar concedida a un momento no formalizado, la encuesta, respecto de uno formalizado, la elección, incidiría sobre las modalidades del sistema institucional en su conjunto: basta con reflexionar sobre la creciente dependencia de los tomadores de decisiones políticos precisamente de los resultados de las encuestas. Y la repetición de las encuestas, sobre todo si éstas llegan a adquirir formas parciales de institucionalización, abre las puertas de una especie de "contrato social continuo",[13] a un "electrocardiograma permanente" de la opinión pública,[14] destinado a influir sobre las modalidades de participación popular y sobre el papel de los representantes elegidos y a convertir en cada vez más dramático el eventual contraste (o aun la simple diferencia) entre las resoluciones de los cuerpos representativos y los resultados de las encuestas. La legitimación de los elegidos se vería de todas maneras afectada. De todo ello se puede deducir que ya se debe considerar a las encuestas no como a una técnica complementaria, sino como a una 'institución' por sí misma.

Sin embargo, no hay que pensar en una escisión entre el mundo de las encuestas y el mundo del voto tradicional. Se trata de medir "la influencia de los instrumentos de

---

[13] S. Rodotà, *Tecnologie dell'informazione*, cit., p. 35.
[14] T. Koppel, "The Perils of Info-Democracy", en *The New York Times*, 1 de julio de 1994, A 25.

medida sobre todo lo que es medido".[15] Efectivamente, encuestas y predicciones demoscópicas crean una esfera metapolítica, donde se produce el desdoblamiento entre ciudadano y elector, que contempla su imagen proyectada por los diversos medios de información y adopta luego sus decisiones precisamente sobre dicha base.[16] El "sucedáneo electrónico" del electorado tiende a convertirse en predominante.

Se pasa así de la democracia representativa a la democracia "de las opiniones" o "del escuchar".[17] Con un efecto de engaño, y de autoengaño, en la verificación de las preferencias y en la configuración de la agenda política sobre la base de las indicaciones de las encuestas. Volvemos aquí a un tema clásico de la democracia directa, analizado en particular con referencia al referendo: ¿quién elige tema, modalidades y tiempos de la encuesta, y cuáles son los criterios para la selección de la muestra? Son éstas precisamente las decisiones destinadas a influir sobre el resultado mismo de la encuesta, y, en consecuencia, sobre la imagen de la opinión pública que ella suministra, y sobre la configuración de la agenda política. En definitiva, las encuestas pueden convertirse, por una parte, no en el medio para la verificación de la opinión, sino para su modificación o formación, y, por la otra, en un instrumento capaz de otorgar un fuerte poder constructivo precisamente

---

[15] P. Legrenzi, "Sondaggi sulle intenzioni di voto e sulle opinioni degli elettori. Il punto di vista dello psicologo della decisione", en *Il Mulino*, 1994, p. 433.

[16] D. Zolo, *Il principato democratico. Per una teoria realistica della democrazia*, Milán, Feltrinelli, pp. 194-95. Véanse también las reflexiones de G. Zagrebelsky, *Il "Crucifige!" e la democrazia*, Turín, Einaudi, 1995.

[17] M. Marturano, "La nuova democrazia dell'ascolto", en *Problemi dell'informazione*, 1995, pp. 5-23.

a las referencias con las cuales la opinión pública es convocada luego a confrontarse.

4. Los referendos electrónicos

La encuestocracia se coloca así en el límite entre la fragmentación del soberano y la ilusión de la soberanía, que encuentra hoy su manifestación más neta en la apresurada asociación entre democracia directa e *instant referenda* [referendo instantáneo] electrónicos. Para examinar este punto, conviene partir de la consideración de las experiencias de televisión interactiva, que muestran cabalmente las posibilidades y los límites del referéndum electrónico. Es sabido que tal forma de consulta de los ciudadanos (abonados a la red interactiva) es efectuada invitándolos a expresar sus preferencias hacia una persona, hacia una entre las posibles soluciones de un problema o hacia un producto, con una aparición inmediata sobre la pantalla de la distribución porcentual de las preferencias.

Ahora bien, dejando de lado los vínculos técnicos (como los que condicionan la formulación y la explicación de las alternativas al número de caracteres que pueden aparecer sobre la pantalla), este procedimiento suscita problemas tanto en su etapa preliminar, que atañe a la elección del tema que se someterá al referéndum, como, fundamentalmente, en el momento de seleccionar las alternativas que se propondrán a los ciudadanos. Si, por ejemplo, se enfrenta el tema de los drogadictos, se puede pedir a los ciudadanos que elijan entre una política que prevea su detención, una que prefiera su internación obligatoria en un hospital y una que apunte a alejarlos lo más posible de la ciudad en consideración. La solución elegida por los ciudadanos consultados podrá ser luego presentada como la que corresponde a la opinión pública de la mayoría, y, por lo tanto, como la más democrática. Pero a dichos ciudadanos no se les preguntó, por ejemplo, si preferían una política de prevención, de cura voluntaria, de gradual reinserción de los drogadictos en la comunidad. Un esquema tan simplificado –y todavía más el referendario en sentido estricto, que tiene como única posibilidad la elección entre un sí y un no– puede traducirse por lo tanto en una peligrosa reducción del área de las elecciones de los ciudadanos, eliminando de manera autoritaria (o por lo menos arbitraria) las alternativas que son también razonablemente proponibles. El riesgo, entonces, es el del eclipse de la democracia pluralista, dado que puede quedar obstruida la posibilidad misma de evaluaciones colectivas de soluciones que una parte de los ciudadanos considere preferibles. Incluso puede ser negada una de las características mismas de la democracia, entendida como un régimen que garantiza que ningún tema quede excluido de la posibilidad de discusión y decisión.

Por otra parte, los tiempos de respuesta en los referendos electrónicos, necesariamente demasiado rápidos, pueden determinar distorsiones graves, al faltar las condiciones mínimas para la reflexión crítica en torno de las alternativas propuestas. Y éste es un riesgo destinado a acentuarse cuando el referendo es propuesto inmediatamente después de que un acontecimiento haya sacudido fuertemente a la opinión pública. Piénsese en el distinto resultado que podría arrojar un referéndum sobre la pena de muerte si es propuesto inmediatamente después que la televisión haya mostrado las imágenes de un atentado terrorista con decenas de muertos, o, en cambio, si se lo plantea después de un programa en el cual se informase sobre el descubrimiento del verdadero responsable de un homicidio, en cuyo lugar otra persona había sido enviada pocos días antes a la silla eléctrica. Queda así planteado el tema de la manipulación de la opinión pública, de los tiempos y de las informaciones a disposición de los ciudadanos convocados a expresar sus preferencias, y, por lo tanto, nuevamente, el del peligro de un pasaje de la democracia de las opiniones a la democracia de las emociones. Y es éste, obviamente, el terreno sobre el cual puede enraizar mejor la tentación plebiscitaria.

Existen también, por cierto, instrumentos y procedimientos institucionales que procuran precisamente "enfriar" el referendo. Esto sucede cuando se prevé que el mismo sólo pueda ser requerido por un cierto número de ciudadanos o por organizaciones representativas (parlamento, asambleas regionales), excluyendo el uso sustancialmente plebiscitario que se da cuando el referéndum es convocado por el poder ejecutivo. Por otra parte, además de la eventual exclusión de algunos temas particularmente influenciables por los humores del momento o por intereses egoístas (política exterior, política impositiva), el procedimiento referendario puede ser estructurado de manera que aleje el momento del voto respecto del de su solicitud. Ello se puede lograr previendo que sólo sean destinados a los referendos determinados momentos del año (indicados de manera específica o en coincidencia con las elecciones políticas). De tal manera el voto referendario, al ser necesariamente precedido por una etapa bastante prolongada de información y de reflexión, debería depurarse de los datos emocionales más fuertes. Por cierto, las experiencias de los países que adoptaron tales técnicas nos refieren que ellas no son decisivas, y que los efectos de tipo plebiscitario o emotivo pueden de todos modos concretarse. Pero muestran que la discusión de los problemas ligados a los referendos deban siempre tener en cuenta los contextos en que son propuestos, y que el instrumento referendario tenga muchas facetas y requiera por lo tanto análisis diferenciados.

Podríamos llegar a la conclusión de que nos hallamos frente a problemas y peligros bien conocidos, y bastante discutidos antes de que apareciera en el horizonte el referéndum electrónico. Pero las nuevas posibilidades tecnológicas asignan al referéndum un papel antes impensable, por la rapidez y la frecuencia con las que es posible recurrir al mismo. Desaparece así cualquier posible mediador social. La casa/terminal electrónica puede ser transformada en un cuarto oscuro permanente. Privada de la confrontación y de la comunicación recíproca, circunscrita al juego de la pregunta y de la respuesta, la nueva democracia de masas ¿asumirá las características de una *living-room democracy*, de una sofocante "democracia de salón?"[18]

Entramos así en una dimensión que no es la de la "democracia de lo cotidiano" y que ha perdido los rasgos de la democracia política. La intervención directa de los ciudadanos, aun sin que se entrevean peligros plebiscitarios, resulta fuertemente distorsionada o completamente revertida. Y esta distorsión será más evidente cuando el referendo se refiera a una decisión ya adoptada oficialmente en cualquier sede institucional, pero que formalmente no sea definitiva. Se pone así en marcha un proceso de ratificación/desaprobación, que puede incluso motivar que el ciudadano sea percibido como un peligro por quien tomó la decisión sometida al referendo.

---

[18] S. Rodotà, *Tecnologie dell'informazione*, cit., p. 37.

Esto nos retrotrae a la cuestión acaso más importante de todas: la que atañe a *quien* posee el poder de convocar el referendo, eligiendo eventualmente aun la modalidad y los tiempos. Pero hoy no nos basta con reformular esta tradicional problemática. Es necesario otorgar su debida importancia al hecho de que ella debe ser encarada teniendo en cuenta el modo en el cual se estructuran en conjunto los flujos comunicativos. Éstos –por sus características, su selección y la modalidad de presentación y de permanencia de las noticias– responden cada vez más a las lógicas internas del sistema de los medios y no a las necesidades específicas de los ciudadanos, que, en una sociedad compleja, son llamados a responder sobre cuestiones políticamente relevantes. Si tal distorsión no es tenida en cuenta, pero se mantiene en un acentuado vigor, puede también convertirse en ilusoria la garantía de democraticidad del proceso confiada exclusivamente a la decisión de los ciudadanos de darle inicio. Todo ello debe ser tenido en cuenta cuando se pasa, por ejemplo, de la dimensión de la televisión interactiva a la de la red. Aquí, por cierto, pueden desaparecer algunos vínculos técnicos, como los que condicionan el número de las alternativas propuestas y su formulación en la cantidad de caracteres que pueden aparecer sobre la pantalla. Pero no es posible que asignemos nuestra total confianza a una novedad tecnológica sin que definamos al mismo tiempo el espacio constitucional del cual ésta se convierte en parte.

5. *La reconstrucción del soberano*

La democracia electrónica, de todas maneras, puede ser planeada al margen de la simple decisión referendaria:

mejor dicho, debe serlo, si se pretende sobrepasar el juego del sí y del no que habíamos mencionado al comienzo. Y para analizar este problema se puede partir de cualquiera de las experimentaciones que se están realizando actualmente en numerosos países, y que nos permiten observar las relaciones entre tecnología y democracia desde una perspectiva más amplia.

En Holanda, por ejemplo, se recurrió a las distintas tecnologías de la comunicación para tratar de contener la declinante participación política, que se manifiesta fundamentalmente en el abstencionismo en las elecciones locales. Fueron así iniciados experimentos diversificados en distintos municipios: referendos por medio de las radios y *city talks* [encuentros para debatir] televisivos fueron utilizados para sondear la opinión de los ciudadanos luego de los debates sobre temas de interés local (y el aprovechamiento de las posibilidades interactivas de la comunicación televisiva constituyó, sobre todo, una concreta base experimental para futuros referendos electrónicos); los *city panels* permitieron confiar a grupos seleccionados la tarea de evaluación de proyectos particulares, sobre los cuales se procuraba prever el grado de adecuación a los intereses generales y su aceptabilidad social.

Como bien se ve, se trata de usos bastante prudentes de las tecnologías disponibles, menos incisivos y comprometedores que los plasmados en las experiencias estadounidenses antes mencionadas. Pero ellos merecen ser mencionados, sobre todo por el objetivo que persiguen: el de acrecentar la participación política de los ciudadanos. Se parte, en otras palabras, de la convicción de que es posible injertar formas de democracia directa en el viejo tranco de la democracia representativa, abandonando así otra vieja convicción que sostiene la incompatibilidad de estas dos formas de la democracia, irreductiblemente separadas por los diferentes principios de legitimación que las fundamentan. La nueva convicción es que las instituciones representativas tradicionales pueden verse fortalecidas por procedimientos de intervención directa que las hagan más "transitables" por los ciudadanos.

Los datos disponibles sobre algunas de tales experiencias, mostraron también, de todas maneras, algunos efectos inesperados. Ideadas como medios para combatir el abstencionismo, las distintas formas de intervención revelaron un notable interés de los ciudadanos involucrados hacia los nuevos procedimientos, pero no produjeron el resurgimiento de la atención hacia el tradicional procedimiento electoral. Por el contrario, en todo caso el abstencionismo se incrementó, mostrando que los ciudadanos tienden a reconocerse solamente en los instrumentos que los tienen por protagonistas directos. Podría decirse que lo importante es el ser sí mismos, con independencia de los resultados. De tal manera, sin embargo, no se manifiesta únicamente la preferencia hacia una forma de participación política: se determina también una ulterior deslegitimación de los elegidos, cuyas decisiones logran basar su fuerza y legitimidad no tanto en la delegación electoral, perteneciente ya al pasado, como en el consenso renovado de los ciudadanos, que se convierte también así en un factor de reducción de la discrecionalidad política y administrativa.

Una reflexión sobre este dato nos lleva a considerar con gran escepticismo los planteos que consideran a las tecnologías de la comunicación exclusivamente en la perspectiva de un fortalecimiento del marco tradicional de la soberanía y de los procedimientos de la democracia representativa que provienen del mismo. De tal modo se plantea también el problema de la legitimación de las nuevas tecnologías, que corre el riesgo de ser débil y equívoca si su utilización es referida únicamente a las condiciones precedentes a su disponibilidad: débil, porque quedarían ocultas las potencialidades innovadoras de dichas tecnologías; equívoca, porque se cerrarían los ojos ante el hecho de que la innovación tecnológica está destinada de todas maneras a cambiar profundamente los órdenes institucionales conocidos.

La pregunta termina así por referirse a la posibilidad de proyectar las tecnologías de la comunicación en una dimensión que no sea la de la democracia neurótica de las encuestas ni la plebiscitaria de los *instant referenda* [referendo instantáneo]. La cuestión esencial afecta a la noción misma de soberanía y a la expansión posible del proceso democrático.

¿Es entonces posible la "reconstrucción" del soberano? ¿Puede la tecnopolítica, como en el mito, convertirse en la espada de Parsifal que cura las heridas por ella misma infligidas?

A estas preguntas puede incluso responderse con una esperanzada entrega a la capacidad reguladora y autorreguladora de la innovación tecnológica. Pero quien se encuentra libre de este prejuicio –y reflexiona sobre un mundo que no experimenta solamente el desencanto hacia las virtudes del progreso, sino que también se afana en la búsqueda de reglas para los nuevos procesos– debe saber que, para esta investigación, es también esencial la cuestión del tiempo. Porque, como ya se mencionó, precisamente en el pasaje de un equilibrio tecnológico a otro asume una importancia decisiva el momento en el cual se interviene: si se llega a una regla cuando la tecnología alcanzó ya condiciones de madurez, se debilita o se anula su posibilidad de incidir sobre los procesos iniciados por la innovación tecnológica.

La reflexión no puede escapar, por lo tanto, a la obligación de indicar las vías institucionales adecuadas. Y se presentan otros y más precisos interrogantes. ¿Son posibles procesos distintos de los hasta ahora críticamente evaluados? ¿Son posibles formas de interacción entre tecnologías de la comunicación y proceso democrático diferentes de una única decisión final o de la sola participación procedimental? ¿Qué imagen del soberano originaría una respuesta afirmativa a estas preguntas?

Gracias a las nuevas tecnologías de la comunicación se inició ciertamente un proceso de "liberación" del soberano de una serie de vínculos de espacio y de tiempo, que tuvo (y podrá tener) por efecto la concreción de condiciones de independencia de los aparatos, a partir en primer lugar de los burocráticos. La posibilidad de acceso remoto a bancos de datos públicos y privados, y de concretar dicho acceso en el momento elegido por el interesado, no es solamente un hecho técnico: representa una forma de redistribución del poder que debilita la función de filtro y de intermediación típica de las burocracias.

Como ya se dijo, esta posibilidad de acceso permite también la gestión directa de algunos servicios por parte de los interesados: desde los más simples de las certificaciones hasta otros que pueden concernir a trámites más complejos, como las relaciones con las estructuras de salud pública en cuanto a la reserva de turnos para ser examinados por especialistas. En todo esto la transferencia de poder se presenta de manera más clara, desde el momento en que el ciudadano desempeña integralmente actividades confiadas previamente a la administración.

La reducción de la discrecionalidad administrativa, y

por lo tanto también del riesgo de la arbitrariedad y de la gestión clientelar, se conecta igualmente con la adopción de procedimientos automatizados en casos como los de la liquidación de jubilaciones, de la asignación de viviendas, y otros similares. Adquiere así un particular relieve no tanto la transparencia de los procesos de decisión sino más bien el momento de la igualdad entre los ciudadanos, cuyas posiciones quedan liberadas de la eventualidad de comportamientos discriminatorios que derivan de decisiones adoptadas por los aparatos de la administración. La liberación del soberano de vínculos, intermediaciones y arbitrariedades burocráticas se transforma de tal modo en una tendencia hacia la democratización del sistema administrativo.

Corresponde añadir que nos enfrentamos asimismo a lo que puede denominarse "desburocratización sin privatización". Efectivamente, aun permaneciendo en el área pública, efectivamente, una serie de actividades y servicios quedan separados de la gestión unilateral y exclusiva del sujeto público. Ello no ocurre a través de la sustitución de este sujeto por otro privado, en nombre de la eficiencia o de la voluntad de restringir el área de competencias del estado. Cambian las modalidades y el papel de los ciudadanos, que se convierten en protagonistas y no continúan sometidos al poder de un aparato externo, ya sea público o privado.

Sin embargo, el análisis de las experiencias concretas sobre las relaciones entre administración y ciudadanos puso también en evidencia aspectos problemáticos y demanda evaluaciones críticas del empleo de las nuevas tecnologías. No es éste el lugar para discutir las distintas resistencias burocráticas, que asumieron frecuentemente la forma de un verdadero sabotaje de las reformas legislativas mismas, porque se trata de un fenómeno recurrente frente a la innovación y no pone en discusión sus cualidades, obstaculizando más bien los caminos que deben transitarse para favorecer su aceptación social. La historia de las leyes sobre el acceso a las informaciones administrativas, por ejemplo, está sembrada de casos representativos de tales resistencias burocráticas que procuraron, y procuran, negar de todos modos los derechos que empero se reconocen formalmente a los ciudadanos.

Pero no se puede decir que nada haya cambiado o que no se haya manifestado todavía ninguna tendencia realmente significativa. Si recurrimos al criterio de la vida cotidiana, no es ciertamente indiferente para el ciudadano tener que solicitar un documento en una lejana oficina, en horarios que se superponen a los de su trabajo, después de hacer grandes colas; o, en cambio, poder obtener el mismo documento en pocos segundos, introduciendo una tarjeta magnética en una ventanilla automática, situada en un lugar fácilmente accesible y abierto durante casi todo el día. Ésta es ya una realidad en expansión, que contribuye asimismo a crear las premisas técnicas para pasar del momento de utilización de un servicio al de la participación política, sirviéndose de las mismas, o de análogas ventanillas electrónicas.

No está dicho, ciertamente, que ésta y otras versiones embrionarias del "municipio electrónico" produzcan automáticamente más democracia. Con frecuencia, las administraciones públicas, nacionales y locales, han incorporado sobre todo la automatización de las ineficiencias. Y aun a una acentuada simplificación y eficiencia de los servicios puede corresponder una gestión pública cerrada e impenetrable. Numerosas investigaciones demostraron que la mejor organización y la mayor eficiencia administrativa fueron contrapesadas, en el interior de las estructuras, por un reforzamiento del poder de quien ya lo detentaba, o, inclusive, por su concentración en las manos de grupos todavía más restringidos, acentuando así formas de autoritarismo y cerrazón. Y, hacia el exterior, por una incrementada formalización y despersonalización de las actividades administrativas, empeorando incluso la cualidad de la relación con los ciudadanos usuarios de los servicios. Y aun allí donde se inició la autogestión de algunas actividades por parte de los ciudadanos, ello ocurrió donde la novedad era sustancialmente "indolora", en el sentido de que se circunscribía a sectores en los cuales no se administraban recursos, financieros y no financieros, considerados relevantes para las futuras alternativas electorales.

Algunos de estos problemas evocan el tema de la "alfabetización", y, por lo tanto, de la necesidad de difundir ampliamente el conocimiento de las nuevas tecnologías y de sus modalidades de uso, si no se quiere abrir el camino a gravosos procesos de exclusión, y la consiguiente reducción de la democracia. Se trata, más en general, de identificar los recursos informativos, de los que cada uno debe poder disponer: recursos que, más allá de la indispensable alfabetización, corresponden al nivel de educación y de ingresos. Hoy ya sabemos que tales factores influyen precisamente sobre la participación política y se muestran como formidables instrumentos de exclusión. En un momento en el cual la esfera de la política está cada vez más profundamente dominada por las tecnologías de la comunicación, las disparidades comunicativas están destinadas a convertirse en un factor dramático de discriminación, condicionando la participación en los momentos esenciales del proceso democrático. Es preciso agregar que este tipo de discriminación está destinado a evidenciarse cada vez como más incisivo, puesto que las nuevas tecnologías no conciernen exclusivamente al momento de la delegación, sino que brindan posibilidades inéditas de transformar a los ciudadanos en actores permanentes de los procesos políticos: situados en los lugares que previamente eran asignados con exclusividad a las decisiones de los representantes elegidos o de los aparatos administrativos.

La disponibilidad de las informaciones se entrelaza cada vez más estrechamente con las modalidades de acción de los ciudadanos. Y, desde esta perspectiva, se multiplican las funciones de la información y del conocimiento que ella origina. Se puede así hablar de conocimiento simplemente dirigido a producir transparencia política y social, para realizar la condición de la democracia que es la de gobernar "en público". Pero existe también un conocimiento *para controlar, para contratar, para proponer, para participar, para deliberar*. Funciones tales que no son alternativas entre sí, sino que pueden acumularse y ordenarse en procesos. Informaciones y democracia se conjugan, por lo que resulta más adecuado hablar ya de "derecho a la democracia" más que de "derecho a la información". Y de este derecho general se convierte en componente indispensable el "derecho de réplica", comprendido, en su sentido más amplio, como poder de los ciudadanos de hacer escuchar su propia voz para responder no sólo a agresiones directas, sino a toda forma de manipulación y de censura de la información. Una perspectiva, ésta, que las posibilidades de acceso a las redes puede cambiar radicalmente, desde el momento en que la réplica puede considerarse la plena y directa disponibilidad del interesado, mientras que sobre los otros medios está siempre subordinada a la disponibilidad de quienes lo controlan.

Por tales caminos los ciudadanos pueden "entrar" en

procedimientos de otro modo caracterizados por su clausura y su exclusividad. La comunicación vertical comienza a ceder su puesto a la comunicación horizontal. El poder puede difundirse, creando, por ejemplo, las condiciones para el control y para la "supervisión fiscalizadora" de los ciudadanos sobre la administración, mucho más eficaz que el confiado, por ejemplo, al instrumento de la interpelación parlamentaria.

Los ciudadanos pueden ver concretado su derecho de acceder directamente a los bancos de datos locales y nacionales, que les suministren informaciones sobre el presupuesto del estado, de los entes territoriales y de los entes públicos; sobre resoluciones y propuestas, y sobre el proceso previo; sobre licitaciones y concursos y sus relativos desarrollos, planos reguladores y concesiones edilicias; sobre financiamientos a empresas y asociaciones; sobre situaciones ambientales; sobre los flujos del tránsito, etc. El conocimiento crea las condiciones para que otros sujetos entren como protagonistas en la arena política.

6. *Colocar al soberano*

Se hace necesario, por lo tanto, verificar analíticamente los cambios en la "colocación" del soberano. Sus lugares no son más exclusivamente los de la investidura de los representantes o de la decisión por intermedio del voto. La presencia de los ciudadanos se convierte en *técnicamente* posible en todas las etapas de los procedimientos políticos y administrativos. A la idea de la participación se añade la de la interacción permanente con estructuras públicas (y privadas). Y no está dicho que todo esto, por causa de la mencionada crisis de los mediadores sociales tradicionales (como los partidos), deba producirse exclusivamente en la forma de la intervención fragmentada, de la separación, de la lógica individualista o localista o corporativa. Las conexiones en red, las distintas formas de "convite electrónico", anuncian las posibilidades de acciones colectivas que se propongan hacer de la nueva dimensión electrónica una inversión provechosa, lo cual también podrían tener en cuenta aun quienes consideran posible o auspiciable la resurrección de los organismos "de masas" que marcaron con su presencia el último siglo.

Se bosquejan nuevas figuras.

– el ciudadano *que interroga*. La etapa preelectoral comienza a ser caracterizada efectivamente no sólo por la disponibilidad para los candidatos de una serie extensísima de instrumentos de comunicación. Deja también entrever la oportunidad de nuevas intervenciones para los ciudadanos aislados o asociados, y concede también a las intervenciones individuales la posibilidad de contribuir a la definición de una dimensión colectiva. En efecto, en oportunidad de celebrarse elecciones ya fueron experimentadas diversas formas de relación con los ciudadanos, que implican su papel activo. Pero tales posibilidades de intervención dan lugar a efectos muy diferentes si se agotan en la relación entre candidato y ciudadano o si, en cambio, instituyen algún tipo de *forum* colectivo de discusión. Al primer tipo de relaciones pertenecen, por ejemplo, las llamadas a líneas telefónicas directas del candidato; al segundo, las diversas formas de teleconferencia. La diferencia no es de poco monto. En el último caso, es inmediatamente evidente la creación de un "espacio público", del cual no sólo emerge la confrontación entre candidato y elector, sino un proceso de conocimiento mutuo, de preguntas y de respuestas, destinado a generar nuevas preguntas, a producir también la confrontación entre las opiniones de todos quienes formulan las preguntas y a sentar las premisas para que la posición de cada uno pueda tener al menos en cuenta las posiciones de los otros, si es que no puede llegar a hacerlo con el interés general. En este contexto, por otra parte, la mediación social tiende a fundirse totalmente con las características del medio empleado. Y puede incluso atenuarse la diferencia antes mencionada, que no debe ser comprendida como una contraposición entre dos modalidades de intervención del ciudadano que responden a dos lógicas radicalmente distintas, devaluando así las llamadas a las líneas telefónicas directas. Efectivamente, éstas pueden adecuarse a una necesidad difusa de conocimiento y al deseo de tomar la palabra, que no encontraba otros canales: basta pensar en los dos millones de llamadas telefónicas hechas a los números activados por Perot en las tres semanas siguientes al lanzamiento de su candidatura. Por lo demás, así se amplía también el espacio de los mediadores sociales: por ejemplo, a los periódicos locales que, mediante una llamada a la línea telefónica directa, pueden obtener todas las informaciones sobre las actividades de un candidato y difundirlas. Se repite de tal manera un fenómeno muy familiar para quienes conocen las alternativas como las de la ley sueca sobre la administración "abierta" (que data del siglo XVIII) o de la estadounidense Freedom of Information Act, sistemática y casi exclusivamente utilizada por distintos sujetos (agencias de prensa, periódicos, periodistas aislados) como fuente de noticias para difundir luego a la colectividad;

– el ciudadano *que interviene*. Ya es posible establecer formas de comunicación entre instituciones públicas y ciudadanos que permitan a estos últimos intervenir incluso en los procedimientos legislativos, mediante sugerencias y propuestas, verdaderas enmiendas a los textos legislativos que están en discusión en el seno de las asambleas legislativas. El caso más conocido es el del estado de Alaska, que, sin embargo, puso también en evidencia un efecto imprevisto: la oportunidad que dicha innovación ofrece a los grupos más fuertes y estructurados, y, en primer lugar, por lo tanto, a los *lobbies*, que añaden así otro instrumento de presión a los ya habituales. Encontraría así confirmación la advertencia de quienes recalcan que, también en esta materia, la innovación tecnológica tiende antes que nada a desembocar en el fortalecimiento de las posiciones de poder ya existentes. Con mayor exactitud, podría advertirse que no es suficiente, o puede incluso ser peligroso, introducir las nuevas tecnologías en sistemas que por lo demás se conserven sin modificaciones, confiando quizá tan sólo en la ampliación de la "oferta" ligada a dicha innovación. Sin embargo, es preciso también destacar que el poder de los *lobbies*, ahora seguramente fortalecido, estaba ya presente y era influyente, mientras que a los ciudadanos les es ofrecida una posibilidad que antes no existía.

– el ciudadano *que se organiza*. Las tecnologías de la información y de la comunicación se convierten cada vez con mayor frecuencia en instrumentos que permiten actividades y formas de conexión en otro caso imposibles o destinadas a producir efectos limitados. Son ya innumerables los casos en los cuales, a partir del simple uso del fax y pasando por el empleo más incisivo del correo electrónico y de las redes, se posibilitaron acciones colectivas en toda una nación, imponiendo también cambios de orientación gubernamental, que, en otros tiempos, habrían requerido movilizaciones en las formas mucho más difíciles y costosas de huelgas o de grandes manifestaciones masivas.

En este punto resulta evidente que las diversas tecnologías crean las condiciones para el surgimiento de nuevos sujetos sociales y políticos, y no tan solo para la ampliación de las posibilidades ofrecidas a los sujetos ya existentes. Y no creo que, al generalizar entre las experiencias ya conocidas, se pueda llegar a la conclusión de que tales sujetos estén destinados a manifestarse solamente donde se trata de enfrentar cuestiones específicas, particulares *issues*, transfiriendo al sistema político la lógica de los "nichos" bien conocida y explotada en el mundo empresarial.

Es necesario no sobreponer, en efecto, cuestiones diferentes. Es cierto que las nuevas tecnologías facilitan la organización en torno a un tema específico, acrecentando de tal manera la flexibilidad del sistema político, con un efecto análogo al que la informática determinó desde hace tiempo en el sistema productivo. Pero ello no significa que se trate del único efecto posible, como lo demuestra por lo demás la experiencia de las redes que, organizadas en torno a temas o proyectos de carácter no sectorial, ostentan ya una acentuada estabilidad y la capacidad de incorporar una dimensión de orden general.

Tal vez sea oportuno preguntarse, más bien, cuáles serán las transformaciones que se producirán en los sistemas políticos que, al mismo tiempo, conozcan la declinación de las grandes organizaciones partidarias y el accionar cada vez más intenso de las verdaderas *task forces* [actores protagónicos] político-sociales. Puede crecer la fragmentación. Puede intensificarse el conflicto, debido a las mayores oportunidades de conferirse una organización eficiente brindada a los grupos portadores de demandas o valores no negociables. Sumergido en un pluralismo cada vez más estructurado e inconciliable, el soberano corre el riesgo de fragmentarse aún más, de hallarse en todas y en ninguna parte.

Para seguir con el razonamiento, el riesgo mayor radica, sin embargo, en permanecer aprisionados en una lógica que se limita a sobreponer a las viejas estructuras las nuevas posibilidades ofrecidas por la tecnología. Y, por lo tanto, la "reconstrucción" del soberano debe ser buscada en otra parte y hay que seguir otros caminos.

7. *El ciudadano y las redes*

Si proseguimos en esta dirección, nos encontramos con los usos de las tecnologías que, por una parte, posibilitan nuevas formas para el accionar organizado de los ciudadanos; y, por la otra, identifican nuevos lugares, modos y procedimientos para la presencia de los ciudadanos, organizados o no, en los circuitos político-institucionales. El punto de arranque está representado por las redes que hacen posible tanto el intenso trabajo en grupo como la presencia de los distintos sujetos en los lugares del debate y de la decisión.

La *Network Nation* [nación televisiva],[19] que hasta ayer parecía ubicable solamente a lo largo de los senderos de la *Computopía*,[20] se confronta hoy con la *Wired Nation* [nación digital],[21] y constituye un terreno concreto de experimentaciones y contraposiciones. Existen ya numerosas ex-

---

[19] S. R. Hiltz y M. Turoff, *The Network Nation. Human Communication Via Computer*, Reading (Mass.), Addison-Wesley, 1978.
[20] T. Morris y Suzuki, *Beyond Computopia. Information, Automation and Democracy in Japan*, Nueva York-Londres, Kegan Paul, 1988.
[21] T. J. Löwi, *The Third Revolution Revisited*, cit.

periencias que, iniciadas principalmente en el sistema productivo, pueden indicar modelos utilizables en el político.

El objetivo es el de permitir un trabajo en común a sujetos distantes en el espacio y en el tiempo, poniéndolos en condiciones de arribar a conclusiones colectivas y, queriéndolo, constituir una estructura destinada a perdurar. Identificadas las condiciones técnicas en paquetes de *software* para computadoras personales asociadas con la utilización de redes, se puede describir así el posible proceso:

> Supongamos que en una asociación de ciudadanos se quiera formular una propuesta de resolución acerca de la figura de la iniciativa popular para el propio municipio, posibilidad permitida por diversos estatutos municipales. Quienes lanzan la idea pueden, mediante una computadora personal conectada a la red, difundirla a otros asociados (utilizando, por ejemplo, el correo electrónico de grupo cerrado), pidiendo a todos que se pronuncien con comentarios, agregados y observaciones. Ello puede realizarse con una *conferencing* [conferencia] en la que todos, con sus computadoras personales conectadas a la red, puedan precisamente enviar mensajes, comentarios, agregados y observaciones. Todos los participantes en la conferencia tienen la posibilidad de ver sobre su pantalla dichas "intervenciones", que pueden ser nominales, o, queriéndolo, anónimas. Los relatores, al tomar conciencia de que la propuesta inicial ha sido bien acogida, pueden diseñar un borrador inicial de resolución, que es visto por todos los demás en sus pantallas. Al utilizar una técnica de *co-authoring* [coautor], el borrador inicial aparece en la mitad de la pantalla, mientras en la otra mitad aparecen los agregados y las modificaciones enviados por los otros "coautores". Los autores del borrador inicial pueden aceptar o rechazar las modificaciones propuestas y, en el primero de los casos, incluirlas en el

borrador. Todo el proceso es de todas maneras muy transparente, porque aparece en las pantallas de todos las personas que participan en esta especie de reunión a distancia y en tiempo diferido.

Si los autores tienen opciones que presentar a los participantes en la reunión, pueden someterlas al voto electrónico, que será emitido siempre mediante la propia computadora personal, acompañado eventualmente de sus motivos. Cuando los autores consideren que el borrador ha llegado a su forma final, pueden someterla al voto final de sus colegas, que habrán participado así en su redacción de una manera realmente más colectiva y más accesible que la participación personal en muchas reuniones.[22]

Como es posible observar, se trata de un esquema bastante estructurado, que puede ser utilizado tanto en formas más simples, para permitir la circulación de informaciones en el interior de un grupo y proponer el debate, como para intervenir en los circuitos de la decisión política y económica. Su irreductibilidad a las modalidades habituales del trabajo en grupo debería ser evidente: basta con considerar exclusivamente la posibilidad de intervención significativa ofrecida a sujetos diseminados sobre un territorio, obligados en caso contrario al aislamiento. ¿Es posible divisar en este pasaje de la separación a la acción en común el renacimiento embrionario del soberano?

Para intentar responder también a este interrogante, es necesario ir más allá del "espacio público" representado por las estructuras en red como la antes descrita, y verificar si lógicas análogas pueden tener validez en los circui-

---

[22] P. Manacorda, "Le tecnologie per la comunicazione politica", en *Comunicare nella metropoli. Telecomunicazioni, partecipazione e democrazia*, Roma, SIP, 1994, p. 49.

tos institucionales formalizados. Llegamos así a esa frontera donde organización, elaboración, participación y decisión se mezclan, y donde se vuelvan a proponer los interrogantes sobre el sentido de una intervención de los ciudadanos realmente intensa, rápida y directa. "Ágora informática", "municipio electrónico", "ciudad cableada", son fórmulas que, en su diversidad, no evocan únicamente tecnologías específicas, sino el modo mismo de existencia de una comunidad política.

Con referencia a experiencias realizadas sobre todo en los Estados Unidos, se han señalado dos posibles modelos: el del *Electronic Town Meeting* [asamblea abierta en espacio electrónico] y el de la *Electronic City Hall*,[23] a las cuales pueden remitirse gran parte de los casos y de las hipótesis mencionadas precedentemente. El primero favorece más bien a una lógica de tipo referendario; el segundo apunta más a la información de los ciudadanos y a la modificación de su relación con las instituciones y con los representantes. Pero, también esta vez, el acento debe ser colocado sobre el *proceso* antes que sobre su resultado final.

Probemos nuevamente de razonar en términos de red:

> La utilización de una red que conecte las sedes correctas para lograr que un grupo de sujetos con competencias diversas participen en forma conjunta en la adopción de decisiones colectivas (por ejemplo, para que discutan los habitantes de un barrio, el departamento técnico de la empresa tranviaria y la secretaría de transportes sobre el recorrido que debe realizar un medio público en el interior de dicho barrio), puede tener consecuencias no sólo en términos de eficiencia sobre el proceso de decisión. En estos casos no se

---

[23] S. Vicari, "Esperienze di teledemocrazia", en *Comunicare nella metropoli*, cit., p. 19.

crean las condiciones para la transformación de cada sujeto con competencias específicas en un tomador general de decisiones, como ocurre cuando se ordenan en sucesión sus intervenciones en el proceso de decisión. El hecho es que la tiranía del tiempo, en un momento determinado del proceso, concede a cada uno sólo una oportunidad, para expresar su opinión, y por lo tanto lo induce a pensar que expresar juicios generales otorga mayor fuerza a sus argumentos. En el ejemplo señalado más arriba, una red que conecta en forma directa la sede del consejo de zona, el departamento técnico de la empresa y la secretaría municipal, que posibilita un amplio y documentado debate, puede lograr que el proceso de decisión gane en eficacia y calidad sin reducir drásticamente su eficiencia.[24]

Confrontada con procedimientos de decisión piramidal, donde diversos sujetos intervienen cada uno en una etapa diversa, la vía antes indicada no especifica solamente una diferente modalidad técnica, sino una modificación de calidad en la participación de los diversos sujetos. Si se quiere llegar aún más lejos, se puede hablar de una modificación de la "composición" del soberano.

No nos enfrentamos solamente a un incremento abstracto de la democraticidad del proyecto. También se materializan condiciones que podrán permitir una mayor adecuación entre las decisiones y los intereses reales, con una mejor adjudicación de los recursos en relación con las preferencias. Por otra parte, el recurso a los procedimientos en red, sobre todo cuando amplía las posibilidades de intervención de los ciudadanos, puede dar inicio a reales y concretos procesos de aprendizaje social, estimulando la

---

[24] G. De Michelis, "Il possibile dell'informatica e i processi democratici", en *Amministrare*, 1990, pp. 215-216.

participación de individuos y grupos, pero esta vez ya no en posición marginal o subordinada como sucede en los procedimientos de decisión piramidal. Así las cosas, resulta favorecida la confrontación entre propuestas alternativas, de las cuales se incentiva incluso su formulación.

Naturalmente, tales efectos son tanto más significativos en la medida en que el proceso admite la presencia de sujetos no institucionales: presencia que las nuevas tecnologías pueden liberar de la sospecha de que la inserción de dichos sujetos tenga sólo efectos de retardo, entorpecimiento o confusión. Y el propio papel de los ciudadanos se proyecta más allá de la simple dimensión referendaria, y de sus equívocos, aunque precisamente el interés por las decisiones locales, por el contexto en el cual son adoptadas, puede permitir una valoración diversa del recurso al referendo.

Retomando el ejemplo de la línea tranviaria, se puede considerar razonablemente que, si la decisión sobre el recorrido fuera sometida a un referéndum, los ciudadanos interesados no responderían sobre la base de preferencias políticas o de abstractas referencias ideológicas, sino teniendo en cuenta, por ejemplo, la distancia entre la propia vivienda y el posible recorrido del vehículo. Construyendo un modelo abierto de decisión, que contemple exclusivamente los vínculos técnicos ineliminables, la elección final podría ser la resultante de la elaboración de las preferencias expresadas por los ciudadanos mediante un referendo electrónico. Se confirma así que la posibilidad de un referendo no piloteado hacia resultados plebiscitarios y no dominado por las emociones depende de la calidad de las informaciones poseídas por los votantes, de la estructura de la decisión a adoptar y del tipo de intereses implicados.

Se puede, entonces, sobrepasar el esquema referendario, entendido como elección entre soluciones prefiguradas y que se excluyen recíprocamente. Las nuevas tecnologías no admiten solamente que se pueda superar la alternativa neta entre un sí y un no, ampliando el número de las preguntas y modificando su articulación. Permiten someter a los ciudadanos una serie de variables, aun cuando lo sean en el interior de un esquema, de tal forma que la solución misma es concretamente "construida" mediante el proceso de consulta, que cambia sustancialmente de naturaleza porque se llega a un resultado no prefigurado con anterioridad.

8. *Poderes y representación*

Son por lo tanto variadas las vías a seguir para comenzar la reconstrucción de la imagen del soberano en los tiempos de la tecnopolítica. Y los ejemplos mencionados en último término podrían inducirnos a considerar que la posibilidad de una transferencia plena de la decisión a los ciudadanos sea solamente posible en la perspectiva tradicional de la delegación o en la de las microdecisiones, a las que pertenece precisamente la elección de la línea tranviaria. Yo pienso, en cambio, que este tipo de ejemplos ponen bien en evidencia la relación entre la capacidad de utilización de las nuevas tecnologías y la masa crítica de informaciones de las cuales puede disponer el ciudadano.

Como ya se dijo, la cuestión se proyecta mucho más allá del recurso al referendo y atañe a todos los circuitos de elaboración y de decisión de los cuales ya nos habíamos ocupado oportunamente. Una propuesta de resolución municipal o de ley de iniciativa popular requiere la real posibilidad de acceso a todas las informaciones necesarias para que tales propuestas se revelen "competitivas" con respecto a las provenientes de las sedes institucionales clásicas. Las tecnologías actualmente disponibles, por otra parte, tornan más factible la simulación de los efectos de una medida determinada, permitiendo así contrapropuestas eficaces con respecto a las surgidas del gobierno o del intendente municipal. Y sólo la disponibilidad efectiva de los datos relevantes puede impedir que una propuesta de un grupo de ciudadanos sea rechazada aduciendo, por ejemplo, la falta de los recursos necesarios, sobre la base de informaciones que posee alguna de las estructuras públicas en forma reservada y que, por lo tanto, resultan no verificables y no impugnables.

Cambia así la noción misma de transparencia del proceso democrático, concebido fundamentalmente hasta ahora como posibilidad de conocimiento de todas sus etapas. La transparencia se extiende a la disponibilidad de todo lo que es necesario para que el proceso permanezca abierto a todos los que pretendan intervenir variadamente en el mismo. El ejercicio de la soberanía se manifiesta así, ante todo, como una paridad en las armas informativas. Y, en la perspectiva aquí considerada, la soberanía de los ciudadanos no se presenta ya más como una noción residual, deducible por sustracción respecto de las atribuciones de los sujetos que asumen la función de representación o de administración.

Esto quiere decir, concretamente, que, por ejemplo, se acrecienta el poder de influencia de los ciudadanos sobre la agenda política por intermedio de una multiplicidad de instrumentos (propuestas de ley y resoluciones de los concejos municipales, presencia en los procedimientos de decisión, apertura de procedimientos de control, referendos), confinados hasta ahora a un papel marginal, incluso por las dificultades técnicas que se oponían a su plena utilización. Los poderes "soberanos" se propagan más allá de los ámbitos en los cuales permanecían recluidos.

Ésta es una evolución posible, a la cual no deben ser atribuidas solamente funciones compensadoras o reequilibradoras con respecto al riesgo de que el poder sobre la agenda se concentre en lugares cada vez más restringidos y que las nuevas tecnologías acarreen consigo la inflación de la información antes que instrumentos reales de conocimiento. Nos enfrentamos a una (posible) redistribución de los poderes, particularmente necesaria en un momento en el cual la reducción de la facultad representativa de las instituciones tradicionales puede desatar peligrosos mecanismos de exclusión.

El éxito global de las tecnologías de la comunicación, por lo tanto, puede consistir en la ampliación del espacio público de representación, que ya no puede ser identificable exclusivamente con las asambleas electivas, y en el cual encontrarían modo de manifestarse identidades y preguntas que en caso contrario quedarían pospuestas. Y los riesgos de fragmentación, antes mencionados como una posible y peligrosa recaída de tales tecnologías, resultarían seguramente reducidos y compensados por esta difusión generalizada de oportunidades reales de presencia política.

Por otra parte, entre las posibles modificaciones de la relación entre ciudadanos e instituciones representativas, admitidas por las nuevas tecnologías, merece ser mencionada una hipótesis que atañe a una particularísima utilización del voto electrónico. Aquí la referencia no es a las modalidades más rápidas de votación y de escrutinio tecnológicamente posibles, que seguramente pueden reincidir una vez más sobre el funcionamiento general del sistema político dada la posibilidad de que las consultas populares sean más fáciles y frecuentes. Se perfila, en cambio, una mutación radical de la estructura del voto.

Partiendo desde las reflexiones críticas sobre el voto indivisible, que restringe la elección del elector vinculándola a un único partido, se ha señalado la posibilidad de introducir sistemas que permitan al ciudadano "repartir el voto" entre diversos partidos en relación con sus propias preferencias. Al otorgar a cada ciudadano no un voto indivisible, sino repartible en cien fracciones, el elector podría distribuir sus preferencias atribuyendo veinte a un partido ecologista, cuarenta a una lista de mujeres y cuarenta a un partido particularmente activo en políticas sociales. Se concretaría así una mayor correspondencia entre las preferencias de los electores y la composición de las asambleas. Y, obviamente, ello sólo sería posible con la adopción de procedimientos de votación totalmente electrónicas.

La propuesta es seguramente criticable, pero no puede ser considerada pura extravagancia. Desde hace tiempo y en muchas partes, efectivamente, se insiste sobre el fin de la identificación total con un partido y del puro voto de pertenencia. Y ya en algunos países es posible votar por diversos partidos, cuando se es convocado a emitir dos votos para la composición de la misma asamblea (ley alemana para la elección del Bundestag, ley italiana de 1993 para la elección de la Cámara de Diputados). Una vez más, las nuevas tecnologías generan un efecto de develamiento de las formas reales en las cuales el soberano se constituye y actúa.

CAPÍTULO CUARTO

La democracia continua

1. Entre individuo y colectividad

Espectadores de una cantidad antes inimaginable de acontecimientos políticos y actores en las vicisitudes que se desarrollan cada vez más en las redes, los ciudadanos, ¿pueden convertir esta condición suya en un factor de cambio de la calidad y de los ritmos de funcionamiento del sistema político? Los intentos de salir de la pasividad se han probado hasta ahora en tres direcciones:

a) una *democracy by initiative*, resuelta sustancialmente en la propuesta de un número creciente de referendos;[1]

b) una presión más acentuada sobre los centros de decisión y sobre los tomadores de decisiones por aislado, sobre todo en virtud de las posibilidades ofrecidas por el conjunto de las nuevas tecnologías de la comunicación para dar vida a un "*lobbysmo* democrático";

c) una discusión más amplia e informada.

Éstas son formas de política activa que se benefician de las oportunidades institucionales ya conocidas (referendos) o de las innovaciones tecnológicas significativas, y que pro-

---

[1] L. K. Grossman, *The Electronic Republic*, cit., pp. 150-154.

ponen concretamente el tema de la presencia política de los ciudadanos sin solución de continuidad. ¿Todo ello debe ser confiado solamente a la espontaneidad social o también debe ser puesta en movimiento la consciente construcción institucional de la democracia continua?

Si con esta nueva calificación del término democracia se pretende aludir a algo que escape a los riesgos habitualmente relacionados con la democracia directa o con la democracia plebiscitaria, una nueva planificación se convierte entonces en indispensable. Sin embargo, al mismo tiempo esta ulterior indicación demuestra también la insuficiencia de los esquemas habituales de análisis.

Éstos, como ya se mencionó, fueron construidos en torno de la dialéctica/oposición entre democracia representativa y democracia directa. Ahora, en cambio, es necesario tener en cuenta la posible democracia continua, irreductible en sus características a las dos formas tradicionalmente consideradas. Por otra parte, la perspectiva del encuadre institucional de la democracia continua puede entrar en conflicto precisamente con la liberación de las formas institucionales considerada por muchos como la característica realmente innovadora y vital de medios como Internet.

Al hablar de democracia continua se hace referencia a instrumentos que se diferencian de los de tipo representativo, puesto que son utilizados por los ciudadanos sin recurrir a ninguna mediación; y que no se identifican con los de la democracia directa, habitualmente referidos exclusivamente al momento final de una decisión o a la presencia en un proceso de decisión específico. Por otra parte, no está dicho que la democracia directa se resuelva en democracia continua, desde el momento en que algunos de sus instrumentos más típicos, como los referendos, son empleados sólo en ocasiones determinadas y con lapsos temporales muy marcados. En definitiva, el acento debe ser colocado sobre *el fin de la intermitencia* del proceso político en lo que respecta a la presencia de los ciudadanos, y sobre el hecho de que la nueva *continuidad* no es movida por impulsos o estímulos provenientes de lo alto, sino confiada también, y fundamentalmente, a la iniciativa directa de los interesados.

Pero la continuidad no afecta únicamente la dimensión temporal. Se extiende en el espacio, donde las redes crean precisamente las condiciones para *el fin de las interrupciones* determinadas por la distancia, abriendo la perspectiva de una *face-to-face democracy* [democracia por iniciativa] sin más fronteras. Precisamente este *continuum* espacio-temporal identifica la dimensión institucional de la acción política y de la construcción de la ciudadanía.

Pero el lugar ideal para reconstruir o para realizar efectivamente una democracia fundada sobre el cara a cara entre ciudadanos fue identificado preferentemente en los pequeños grupos,[2] en las comunidades locales. La razón no radica exclusivamente en el hecho de que es más operable y confiable su experimentación y más inmediato y directo el involucramiento de los ciudadanos. En realidad, las dimensiones reducidas, en realidad, se presentan también como un antídoto contra el riesgo de una transformación del sistema político en su totalidad en el *Government by Public Opinion* [gobierno de la opinión pública]. Al reflexionar sobre las dinámicas del sistema norteamericano, James

---

[2] J. Fishkin, *The Voice of the People*, cit. Y véase también J. Gastil, *Democracy in Small Groups. Participation, Decition Making & Communication*, Philadelphia-Gabriola Island, New Society Publishers, 1993. Uno de los primeros balances se encuentra en K. C. Landon, *Communication, Technology and Democratic Participation*, Nueva York-Londres, Praeger, 1997.

Bryce indicaba dicho fenómeno como el desemboque inevitable de un proceso en el cual el peso de la opinión pública se convertiría cada vez en "más completo, porque es más *continuo*".[3] Por otro lado, la vigencia de la primera concepción había inspirado una antigua "invención" de la Corte Suprema. El control de constitucionalidad,[4] efectivamente, puede ser considerado también como una corrección a la discontinuidad de los controles confiados exclusivamente a los plazos electorales y a la lógica inmanente del cambio basada sobre el derecho de cada generación de darse la propia constitución.[5]

El análisis de Bryce puede ser leído como una continuación de lo que Alexis de Tocqueville había ido descubriendo en la democracia norteamericana y en su ramificación por las redes de los *town meetings* [asamblea abierta] y de las asociaciones. Devela el resultado último de una lógica tal, y, al mismo tiempo, plantea la cuestión de la racionalidad de los comportamientos de todos los que participan en este proceso continuo y total.[6] En esta perspectiva,

---

[3] J. Bryce, *The American Commonwealth* (1888), II, cap. LXXVII, significativamente titulado "Government by Public Opinion" (cito, con mis cursivas, de la tercera edición, Nueva York, Macmillan, 1894, p. 258).

[4] Algunas observaciones en este sentido se encuentran en M. Troper, "Démocratie continue et justice constitutionnelle", en Rousseau (comp.), *La démocratie continue*, cit., pp. 125-126.

[5] Éste es, como se sabe, el particular planteo francés, explicitado en el artículo 28 de la Constitución de 1793: "un peuple a toujours le droit de revoir, de reformer et de changer sa Constitution. Une génération ne peut assujettir à ses lois les générations futures" [un pueblo tiene siempre el derecho de rever, de reformar y de cambiar su Constitución. Una generación no puede imponer sus leyes a las generaciones futuras].

[6] Véanse las observaciones de J. Fishkin, *The Voice of the People*, cit., pp. 71-74. La línea de análisis de Fishkin está ya claramente presente en *Democracy and Deliberation. New Directions for Democratic Reform*, New Haven-Londres, Yale University Press, 1991.

en el lugar del Gran Hermano se distingue más bien la imagen de una serie infinita de posibles manipulaciones.

Precisamente para salvar a la democracia continua de tal destino, se procura ofrecer un conjunto de oportunidades susceptibles de estimular los comportamientos racionales, que van más allá de los habituales procesos de decisión y cubren el período completo entre una elección y la otra. Puede intentarse una primera clasificación de tales instrumentos:

a) instrumentos de *conocimiento*, que son todos los que permiten el acceso directo de los ciudadanos a las informaciones en manos públicas y a determinadas categorías de información en manos privadas;

b) instrumentos de *intervención no formalizada*, tales como pueden ser los que facilitan la presencia del ciudadano en el interior de los procesos de consulta y de decisión, aun cuando continúa confiada a otros sujetos la decisión final (por ejemplo, el envío de "enmiendas" mediante el correo electrónico o la red en el curso de un procedimiento legislativo);

c) instrumentos de *evaluación crítica*, como las *consensus conferences*, que injertan la técnica del muestreo en el trabajo de grupo y buscan respuestas no basadas en la técnica de la alternativa sí/no o del cuestionario;

d) instrumentos de *control*, que combinan elementos de conocimiento y de intervención y que, por ejemplo, extienden la legitimidad de presentarse ante la justicia en defensa de los intereses generales;

e) instrumentos de *propuesta*, vinculantes en lo que respecta a la consideración de tales propuestas por parte de los sujetos públicos;

f) instrumentos de *consulta*, utilizando eventualmente

también en este caso técnicas como las del muestreo o de la rotación entre los ciudadanos consultados;

g) instrumentos de *gestión autónoma*, por ejemplo para determinadas categorías de servicios, con resultados de descentralización y de desestatalización;

h) instrumentos de real y concreta *decisión*, con características tales, empero, como para renovar aun las tradicionales formas del referendo.

Todos estos instrumentos, para ser eficaces, requieren evidentemente la previa definición de un marco institucional adecuado. Aun las intervenciones no formalizadas, por ejemplo, están condicionadan por la previa decisión de ciertos organismos institucionales (parlamentos nacionales, concejos municipales) de predisponer estructuras adecuadas para recibir los mensajes de los ciudadanos y hacerlos llegar a los protagonistas de los procesos de decisión. Ello es así porque la democracia continua define un nuevo "espacio constitucional" de interacción entre la actividad de los ciudadanos y la de las instituciones.

Naturalmente, casi todos los instrumentos antes señalados, y que deberán ser examinados más analíticamente, podrían ser considerados independientemente del contexto de las tecnologías de la información. En concreto, sin embargo, son precisamente las oportunidades ofrecidas por estas tecnologías las que pueden permitir el recurso al *conjunto* de dichos instrumentos, identificando una dimensión de la democracia que se proyecta más allá de las contraposiciones entre democracia representativa y democracia directa, entre libertad de los modernos y ciudadanía electrónica.

Se podría afirmar, más bien, que la confianza sin reservas en tal conjunto de instrumentos no es el efecto exclusivo de la innovación tecnológica sino, ante todo, la consecuencia, ya señalada, de la disgregación o de la desaparición de los grandes sujetos colectivos, de los tradicionales mediadores sociales: partidos y sindicatos en primer lugar. Pero esta afirmación corre el riesgo de olvidar, por una parte, que la crisis de la habitual mediación política y social es precisamente una de las consecuencias del cambio introducido por las tecnologías. Y, por la otra, de olvidar que los nuevos instrumentos contienen también la ambigua promesa de reconstrucción de la esfera colectiva, aun cuando sea irreducible a las formas del pasado.

De cualquier manera, sería un error analizar este conjunto de problemas destacando solamente la exaltación de la dimensión individual, casi como si la indudable expansión de los poderes del individuo constituyese una suerte de insuperable obstáculo para todo posible futuro desarrollo hacia formas de organización y de acción colectivas. La fórmula "comunidades virtuales" ya nos está indicando la emergencia de nuevos fenómenos colectivos, aun cuando sea innegable que los nuevos instrumentos conceden a los individuos una mayor posibilidad de presencia y de control en relación con los organismos de que forman parte. Aunque se quiera considerar con escepticismo la perspectiva del uso de las tecnologías de la información y de la comunicación para un intenso control político y social, es cierto que ellas rediseñaron y continúan incesamente rediseñando el espacio de la empresa, es decir, uno de los lugares clave de la organización social.

2. Buscar, obtener, difundir informaciones

La información, se dice, es ya la materia prima más importante, y la sociedad en su conjunto se presenta como un gigantesco "yacimiento informativo". Se convierten así en esenciales el modo en que la información es administrada y las formas en las que se logra acceder a la misma, en una multiplicidad de dimensiones que la presentan ya sea como una mercancía ya sea como condición de la democracia misma. La plena libertad de acceso a la información, y, por lo tanto, la infinita posibilidad de transformarla en conocimiento, definen el modo de ser del ciudadano. Las limitaciones del acceso a la información se convierten inmediatamente en limitaciones de la ciudadanía.

Se trata de limitaciones que poseen causas culturales, económicas, técnicas, políticas y sociales, y que se procuran superar destacando que el acceso a la información debe ser comprendido como un derecho, como un servicio universal. Se ha llegado a hablar ya innumerables veces del peligro de una dramática y nueva división de castas entre *haves* y *have nots*, entre quienes poseen y quienes no poseen informaciones, en sociedades signadas por los riesgos del analfabetismo electrónico masivo.

Ésta es una esquematización eficaz, que encierra una verdad y puede servir para una denuncia, pero que debe acompañarse de análisis más rigurosos, si verdaderamente se quiere discernir los rasgos reales de los nuevos fenómenos y articularse una estrategia adecuada de respuesta. En caso contrario, sólo da lugar a peligrosas trivialidades, como la propuesta de entregar una computadora personal a cada estudiante.

La cualidad del cambio y la dimensión actual de los problemas se disciernen con mayor facilidad si evocamos alguno de los momentos de la evolución histórica del derecho a la información. "La libre communication des pensées et des opinions est un des droits les plus précieux de l'homme: tout citoyen peut donc parler, écrire, imprimer librement, sauf à répondre de l'abus de cette liberté dans les cas déterminés para la loi" [La libre comunicación de los pensamientos y de las opiniones es uno de los derechos más preciados del hombre: todo ciudadano puede por lo tanto hablar, escribir e imprimir libremente, salvo para responder a los abusos de esta libertad en los casos determinados por la ley]. Así se expresaba el artículo 11 de la *Déclaration des droits de l'homme et du citoyen* de 1789, con un espíritu y un tono que mostraban inmediatamente que el objeto polémico era la censura, y que la primera garantía para el ciudadano debía asegurarlo contra tal amenaza. Este origen fue el que precisamente hizo que el derecho a la información fuese predominantemente considerado como derecho de los profesionales de la información. Cuando se refería a la generalidad de los ciudadanos, se presentaba más bien como libertad de manifestación del pensamiento –y así aparece en muchos de los textos del constitucionalismo contemporáneo– o como derecho de exigir a los profesionales una información "completa y objetiva".

El signo del cambio de los tiempos se observa patentemente en la Declaración Universal de los Derechos del Hombre de 1948, cuyo artículo 19 se refiere al derecho de "investigar, recibir, difundir informaciones", distinguiéndolo precisamente de la libertad de opinión y de expresión. El eje quedó claramente desplazado en dirección al ciudadano, que se convierte así no sólo en el titular de un derecho sumamente enriquecido en su contenido, sino en el protagonista de una nueva alternativa. Ésta no está limitada al ya amplísimo mundo de los medios de información, sino que abarca por entero el arco de actividades de cualquier sujeto.

El derecho a la información pierde así definitivamente los rasgos de un derecho "profesional", de la prerrogativa de una categoría. Con todo, el acento puesto con progresiva intensidad sobre el ciudadano como titular del derecho a ser informado termina por reforzar la posición misma de los profesionales de la información. Sus propios derechos pueden ser reivindicados así no tan solo en nombre de su libertad de manifestación del pensamiento y del legítimo ejercicio del derecho de crónica, sino fundándolos en el interés general por el conocimiento.

Por otra parte, en el momento en que más allá del derecho de no padecer censura se afirma el derecho de "investigar y recibir informaciones", queda también diferentemente cualificada la relación entre ciudadanos y poder público. Los deberes de este último no quedan solamente circunscritos a la prohibición de ejercer la censura, según el esquema clásico de la libertad negativa. Debe abrirse a los requerimientos de los ciudadanos, abandonando uno de los privilegios consolidados de la administración, como lo atestigua la difusión, en numerosos países, de leyes que establecen el derecho de acceso de los ciudadanos a los documentos en manos públicas.

El fundamento de esta tendencia se encuentra en el conocimiento, adquirido al menos en sus aspectos centrales, de que el proceso democrático está profundamente influido por el modo en que circulan las informaciones. Mejor dicho: la disponibilidad de las mismas por todos los ciudadanos se presenta como un prerrequisito de dicho proceso. Se puede tranquilamente afirmar que el grado de democraticidad de un sistema se mide también sobre la base de la cantidad y la calidad de las informaciones relevantes que circulan en su interior, y por la amplitud del conjunto de los sujetos que pueden acceder a las mismas.

Y se considera que ya no se debe hablar de derecho a la información, sino pura y simplemente de derecho a la democracia.[7]

3. El poder "mediático"

Esta mirada sobre un acontecimiento bastante alejado en el tiempo nos ayuda a distinguir el sentido de las novedades más recientes, a partir precisamente de la que hoy es considerada como la más agresiva y decisiva: la comunicación en red. Al representar una radical transformación cualitativa de la comunicación electrónica, está destinada a influir en forma directa sobre las modalidades de la ciudadanía, a tal punto que se considera lógico impulsar ante ello una renovada declaración de los derechos, una *Information Bill of Rights* [Carta de derecho sobre la información].[8]

Hasta ahora nos hemos encontrado exclusivamente en presencia de formas de comunicación *vertical*, ligadas al modelo de la televisión por aire, que no implica solamente la pasividad del destinatario de la comunicación, confinado todavía en su condición de *espectador*. También conlleva el perpetuarse de la distinción entre productores y consumidores de la información, y la necesidad de una categoría de mediadores que permita concretar el acceso del

---

[7] M. Yudofs, *When Government Speaks. Politics, Law, and Government Expression*, Berkeley-Los Ángeles-Oxford, University of California Press, 1983.

[8] Un intento de definir el marco de referencia y los puntos esenciales de una posible declaración es el de C. M. Firestone y J. R. Schement (comps.), *Toward an Information Bill of Rights and Responsabilities*, Washington D. C., Aspen Institute, 1995.

ciudadano a la información. Esto es así aun cuando existan normas que abren a todos las puertas de las informaciones, como sucede desde fines del siglo XVII en Suecia, donde el principio es el de la directa cognoscibilidad de los documentos públicos por parte de todos los ciudadanos. Pero, puesto que el ejercicio de tal derecho requería allegarse al lugar donde se hallaban los documentos –y, por lo tanto, desplazamientos, tiempo, gastos–, sucedía que los que más se servían de él eran los periodistas, que así conocían las noticias, las seleccionaban y las hacían llegar a la opinión pública. Un derecho de todos era confiado a un filtro, a una mediación.

Distinta es la condición del ciudadano que puede servirse de una red, y, por lo tanto, de una forma de comunicación *horizontal*. En esto no existen posiciones de supremacía, agendas preestablecidas, lapsos impuestos para hablar. Una vez reconocidas las modalidades concretas de acceso, todos los ciudadanos se encuentran en posiciones tendencialmente paritarias y pueden convertirse en protagonistas activos de la comunicación. Y ésta puede asumir inequívocos rasgos *democráticos*. Y cada uno no se presenta solamente como el que busca informaciones: se transforma también en proveedor de información, rompiendo así precisamente el poder de seleccionar las noticias destinadas a la circulación, asignado hasta ahora a grupos restringidos, a mediadores profesionales. La determinación del grado de democraticidad de un sistema depende también así de la amplitud con la cual los ciudadanos pueden asumir concretamente su nuevo papel.

Nos encontramos ante una innovación particularmente significativa, con la caída de la barrera que separaba a productores y consumidores de la información. Puede surgir así un nuevo "sujeto comunicativo", que proyecta las cuestiones que hay que examinar decididamente más allá del simple hecho de que cada vez se acentúe más la individualización del proceso de información y de comunicación.

El crecimiento de las posibilidades individuales también se traduce directamente en un cambio de la calidad social de la información. Todos pueden presentarse al mismo tiempo como productores y consumidores, en una dimensión en la cual hasta el más periférico de los usuarios de Internet puede contar con un "poder de palabra" igual al del gobierno o al de un gran magnate privado, sobre todo si la noticia que introduce en la red es exactamente la que alguien quería ocultar a toda costa.

Volvemos así a la cuestión de la censura, que, por un lado, se convierte en objetivamente más difícil, y, por el otro, asume un alcance que supera los tradicionales controles nacionales. Esto lo conocen bien los regímenes totalitarios, que se esfuerzan en impedir la penetración de Internet. Pero no es ésta la única dificultad que se ha de enfrentar, y ni siquiera la mayor. Aun en un ámbito formalmente libre, sin limitación alguna, las potencialidades de la red pueden expresarse sólo si existe la efectiva libertad de acceso, tanto en el momento de la distribución como en el de la búsqueda de las informaciones. Ello exige la concreción de una serie de condiciones básicas, desde la efectiva alfabetización masiva hasta la creación de un auténtico "servicio universal" (que implique cobertura del territorio, política de tarifas telefónicas, etcétera).

Sin embargo, una vez internados por este camino, tropezamos con otra serie de variadas dificultades. Si para el futuro se teme el peligro de una "hiperdemocracia", hoy ya nos enfrentamos con el problema de la "hiperinformación". Desde el momento en que crece de manera exponencial, al menos en teoría, una masa tendencialmente ilimitada de informaciones, y se amplifica con ello el "ruido de fondo" que acompaña cada instante de nuestros días, se torna cada vez más difícil seleccionar las noticias relevantes, controlar su veracidad y construir una masa informativa crítica. Presentada como tecnología de la libertad, ¿no hará la red que el individuo sea aprisionado por nuevas constricciones?

Si queremos dar una primera y aproximativa respuesta, la observación de los hechos del pasado nos indica que hasta ahora la democracia (si queremos asumir este parámetro de referencia) nunca sufrió por un exceso de información. Por cierto, es una técnica muy experimentada la de sumergir a la opinión pública o a los sujetos convocados para una decisión con una gran masa de informaciones en bruto. Pero también es verdad que, al ampliarse simultáneamente la disponibilidad de informaciones, se han ido elaborando instrumentos tendientes a facilitar la navegación en este mar. Tanto es así que, cuando se quiso realmente entorpecer una decisión o impedir un control, se terminó siempre por recurrir a las técnicas mucho más seguras del ocultamiento o de la falsificación de las informaciones.

Se puede, por lo tanto, partir de la premisa, que por cierto puede ser trivial, de que la mayor disponibilidad de informaciones sea deseable de por sí y de que la respuesta a los problemas que ella suscita no puede ser buscada entre políticas malthusianas, de alguna manera justificadas, sino en diferentes modalidades de la organización social. Conocemos las estrategias públicas y privadas, individuales y colectivas, formales e informales, para responder a la introducción de la prensa, del teléfono, de la radio, de la televisión, de la computadora misma. El problema se presenta en la actualidad como mucho más complicado porque escapa a las posibilidades de control de los actores tradicionales, de los estados nacionales en primer lugar. Porque sujetos fuertes, sobre todo en la dimensión industrial, aspiran a gobernar el mundo de las tecnologías de la información y de la comunicación,[9] y porque la retórica de la red nos obliga a confrontarnos con una hipérbole, que pretende que los protagonistas de los procesos se identifiquen con todos los habitantes del planeta, en un sistema de conexión donde todos estén conectados con todos.

¿Pero debe ello inducirnos a considerar que el verdadero peligro para el tercer milenio sea el de una dictadura fundada en la imposibilidad de distinguir entre datos relevantes e irrelevantes? ¿O el de la expansión de un poder de confusión y de falsificación del cual cada uno de nosotros se convierte concretamente en titular?

Representar de un modo tan extremo y tajante el tema posee el mérito de obligarnos a considerar seriamente la necesidad de estrategias sociales, y de las consiguientes políticas públicas, como un problema actual y no de un incierto futuro. Pero, justamente por esto, las respuestas no pueden limitarse al juego del sí y del no.

Para ello es esencial establecer los valores de referencia. ¿Qué significado asume, por ejemplo, la igualdad? Si se quiere superar las utopías consolatorias, es necesario afrontar no tan sólo las cuestiones mencionadas: alfabetización y servicio universal. Es indispensable plantearse el problema de los instrumentos de navegación, que no deben ser modestos para algunos y de excelencia para otros, que deben ser genuinos instrumentos de búsqueda y no filtros

---

[9] Véase B. R. Barber, *Jihad v. McWorld*, cit., en particular el capítulo "Who Owns McWorld? The Media Merger Frenzy" (pp. 137-151).

que inevitablemente reflejan los criterios de selección de las informaciones determinados por otros. Y en este sentido se perfila con nitidez el tema de las políticas públicas: ¿se puede delegar exclusivamente a la industria y al mercado el planeamiento y el desarrollo del nuevo sistema nervioso de la sociedad? ¿O es necesaria una demanda social interpretada por las instituciones para orientar una oferta que no tenga solamente como brújula el ingreso al mercado de los productos que garanticen la máxima ganancia?

Es indispensable afrontar tales problemas, sobre todo si se considera que el poder mediático se configura ya como "poder total",[10] que ha eliminado toda otra forma de contrapoder y que se alimenta exclusivamente de la dialéctica entre los diversos sujetos de la comunicación y termina así por obedecer a una lógica totalizante y absolutamente autorreferencial. El poder mediático se configuraría como el "antisoberano" por excelencia.[11] Como todas las simplificaciones, también ésta posee sus virtudes, dado que obliga a reconsiderar el tradicional juego de poderes y la tripartición clásica entre legislativo, ejecutivo y judicial. ¿Ella fue definitivamente arrollada por el torbellino mediático o nos enfrentamos a nuevos desplazamientos y a cambios en las funciones que expresaban aquellos tres poderes?

La reconstrucción de la realidad que tenemos por delante (no me refiero a la anticipación de un futuro posible) exige criterios analíticos diferenciados de la simple acentuación del nuevo poder, cuya autonomía debe ser, empero, enfatizada. Nos topamos nuevamente con el riesgo de con-

---

[10] L. Scheer, *La démocratie virtuelle*, cit., p. 23.
[11] Ésta es la fórmula utilizada por M. Luciani, "L'antisovrano e la crisi delle costituzioni", en *Rivista di diritto costituzionale*, 1996, en particular pp. 160-171.

fundir la capacidad de estructurar un sistema en su conjunto con la capacidad de autoproducción de todas las reglas que atañen al universo de la comunicación. Como el tiempo de las computadoras ha generado su propio espacio institucional mediante interacciones complejas con las reglas y los poderes existentes, así también nuevos entrelazamientos definen el marco de referencia de la época que atravesamos.

La metáfora del desorden no es suficiente.[12] Lo que se denomina desorden es la irrupción de nuevas subjetividades, la transformación todavía magmática de las funciones tradicionales y la emergencia informe de códigos de comportamiento que anticipan o prefiguran las nuevas reglas. Un examen apenas cuidadoso nos muestra, por ejemplo, que gran parte de los conflictos relacionados con Internet son precisamente conflictos sobre las reglas, tanto cuando asumen la forma de una exigencia extrema de libertad como cuando se manifiestan en la progresiva imposición de los criterios propios del mercado.

4. Nuevas desigualdades y servicio universal

Se inserta aquí, con particular importancia, el tema del servicio universal, una fórmula que en los Estados Unidos acompañó la difusión del teléfono, originando el derecho individual de comunicarse como elemento constitutivo de la ciudadanía en los grandes espacios, y que sirvió después para determinar un problema que atañe a todo el sistema de la comunicación.

Se plantea, en primer término, la cuestión de la igualdad. La disponibilidad del conjunto de los instrumentos

---

[12] L. Scheer, *La démocratie virtuelle*, cit., p. 27.

de la tecnopolítica choca enseguida con los desniveles del conocimiento, de los ingresos y de la ubicación territorial. El peligro de una nueva estratificación social entre *information haves* [los que tienen información] y *have nots* [los que no tienen] es concreto. En los Estados Unidos, aun en el momento de mayor entusiasmo por las "autopistas electrónicas", fue remarcado que difícilmente ellas podrían ser "recorridas" por más de 65% de la población: la "sociedad de los dos tercios", sobre la cual tanto se discutió en Europa siguiendo la advertencia de Peter Glotz, hallaría de ese modo su confirmación y una peligrosa materialización precisamente mediante las tecnologías que más deberían contribuir a cambios sociales positivos.

Diversas investigaciones confirmaron que, hasta este momento, las nuevas tecnologías crearon en los Estados Unidos nuevas desigualdades, hasta el punto que fue advertido el peligro del surgimiento de un real y auténtico *information apartheid* [segregación informativa].[13] En particular, una investigación realizada por la Rand Corporation sobre los datos de los censos, evidenció, para la década 1984-1993, el aumento de la distancia entre las diversas categorías de sujetos en la utilización de las computadoras y en el acceso a los servicios en red, en función de variables socioeconómicas como el ingreso, la educación, la edad y la pertenencia étnica.[14] El porcentaje de los usuarios de computadoras pertenecientes a la franja más alta de ingresos pasó de 11% a 56%, mientras que para los de la

---

[13] T. K. Bikson, "New Inequalities", informe presentado en el First Information Imperative International Inquiry, Washington, 4-5 de junio de 1996, p. 1.

[14] R. H. Anderson, T. K. Bikson, S. A. Law y B. M. Mitchell, *Universal Access to E-Mail: Feasibility and Societal Implications*, Santa Mónica, Rand Corporation, 1995.

franja más baja el incremento fue de 2% a 7,5%. Considerando el nivel cultural, para los que recibieron mayor educación se pasa de 17% a 50% y para los de menor tiempo educativo de 4,5% a 13%. Igualmente incide la raza (para los blancos se pasa de 11% a 42% y para los negros de 3,5% a 12,5%). La referencia a la edad suministra, obviamente, indicaciones más complejas: para los menores de 19 años los porcentajes van desde 13,5% a 31%, para las franjas etarias de los 20 a los 39 de 10, 5% a 29%, para la de los 40 a los 59 de 11% a 32%, y para los mayores de sesenta años de 2% a 11%.

Al reflexionar sobre estos datos, se observó que, si los nuevos medios fueran solamente bienes de consumo, las desigualdades amplias y crecientes podrían ser consideradas aceptables.[15] Por ser, en cambio, instrumentos indispensables para la participación cultural, social, política y económica, las nuevas desigualdades se convierten en un riesgo real para la democracia. Si estos problemas no se transforman en objeto de políticas conscientes, en lugar de insistir sobre la abstracta capacidad del mercado para su resolución, se corre el riesgo concreto de que las autopistas de la información se transformen en el "enésimo camino sin salida" en la búsqueda de la igualdad.[16]

Por lo tanto no es suficiente la previsión abstracta de la universalidad del servicio y de la apertura del acceso a las nuevas tecnologías. Son necesarias políticas públicas activas de alfabetización, para eliminar los factores que originan desigualdades extendidas y crecientes, si se pretende evitar los fenómenos de exclusión masiva que inci-

---

[15] T. K. Bikson, "New Inequalities", cit., p. 1.
[16] H. I. Schiller, *Information Inequality. The Depending Social Crisis in America*, Londres-Nueva York, Routledge, 1996, en particular pp. 75-89.

den directamente sobre la naturaleza democrática de un sistema. Una exclusión que puede estar también determinada por las políticas tarifarias y de localización de los servicios. Si no evitan tales riesgos, es puesta en tela de juicio la misma democracia, dado que ella no puede ser separada de un continuado e ininterrumpido proceso de inclusión de los ciudadanos. Sin embargo, las políticas de alfabetización no pueden reducirse a las nociones mínimas necesarias para el manejo de las máquinas, legitimando así todo tipo de uso de las máquinas mismas (y este riesgo es todavía mayor si nos limitamos a la pura y simple disponibilidad material de los medios técnicos, según la lógica que inspiró la propuesta de proveer a cada estudiante de una computadora personal). Alfabetización debe significar también posibilidades de comprender el sentido y el alcance social de las nuevas tecnologías para disponer al respecto de capacidad crítica y no caer en la fácil identificación entre innovación tecnológica y progreso social.[17]

Tal es el prerrequisito para que el uso de las tecnologías informáticas y telemáticas pueda atribuirse a la totalidad de los ciudadanos, configurando desde esta perspectiva la naturaleza de los nuevos servicios. Ellos deben presentarse concretamente como "universales", es decir, ser ofrecidos equitativamente a todos a bajo costo, con independencia de la ubicación geográfica y de la condición socioeconómica de los usuarios.

Es indispensable la aplicación rigurosa de estos crite-

---

[17] Muy explícito sobre el tema es H. P. Segal, *Future Imperfect: the Mixed Blessing of Technology in America*, Amherst, University of Massachusetts Press, 1995. Demasiado simplificador es en cambio el planteo de P. Lévy, *L'intelligenza colletiva*, cit., pp. 75-76. Sobre las nuevas dialécticas alfabetizados/analfabetos, véase A. Abbruzzese, *Analfabeti di tutto il mondo uniamoci*, Génova, Costa & Nolan, 1996.

rios para evitar la dramática división de la sociedad en el terreno de la disponibilidad de informaciones y de la capacidad de elaborarlas. Para poder alcanzar dicho objetivo fue recalcada la importancia de que los costos financieros relacionados con la plena realización de la universalidad del servicio deberán ser distribuidos de manera equitativa entre los distintos proveedores.

Para definir con más precisión el concepto de servicio universal, desde la perspectiva de la ciudadanía, es útil repetir lo escrito en un estudio de la Organización para la Cooperación y el Desarrollo Económico (OCSE) sobre este tema:

> El "servicio universal", definido como el acceso a un servicio de telecomunicaciones, es considerado como un derecho fundamental de todos los ciudadanos, esencial para la plena pertenencia a la colectividad social, y como un elemento constitutivo del derecho a la libertad de expresión y de comunicación, que, por lo tanto, al igual que la salud pública y la educación, debe ser asegurado por el poder central con los recursos fiscales. Desde este punto de vista, el objetivo de suministrar el "servicio universal" prevalece sobre las consideraciones de pura eficiencia económica, y el problema que se plantea a los poderes públicos, junto a la definición del área de los servicios universales, es el de establecer si es preferible obtener los fondos necesarios para el servicio mediante los impuestos fiscales directos, o indirectamente, mediante las estructuras tarifarias de las telecomunicaciones.[18]

---

[18] *Le service universel et la restructuration des tarifs dans les télécomunications*, París, OCSE, 1991, p. 24. Sobre la extensión de la noción de servicio universal, véanse Y. Poulet, "Playdoyer pour un ou des service(s) universel(s) d'informations publiques", informe presentado en la European Commission Conference: "Acces to Public Information. A Key to Commercial Growth and Electronic Democracy" (Estocolmo), 27-28

Este modo *activo* de comprender el servicio universal por parte de los poderes públicos distingue correctamente la particularísima relevancia de los servicios relacionados con las nuevas tecnologías, especialmente con las redes telemáticas. Naturalmente, las modalidades en que se basan las garantías de que el servicio llegue a todos los ciudadanos pueden variar. En momentos en que también en Europa se marcha hacia la privatización generalizada del sector de la telecomunicación, debe destinarse una particular atención a la disponibilidad concreta del servicio en todos los lugares del país, y además a la estructura de las tarifas. La pura lógica del mercado podría motivar que las empresas privadas descuidasen las zonas menos rentables y aplicasen tarifas demasiado elevadas a los sectores de la población con menores ingresos. En ambos casos, se determinarían formas de exclusión contradictorias con la premisa que considera el acceso a las redes como un componente esencial de la ciudadanía.

Al concepto de servicio universal –aceptado actualmente, aun con restricciones y aprensiones no justificadas, en documentos europeos– se adjunta el de *open acces*. Solamente así las redes pueden convertirse en estructuras abiertas e interactivas, susceptibles de favorecer la creación y el desarrollo de "comunidades electrónicas" en condiciones de participar y de influir directamente sobre la vida administrativa y política.

---

de junio de 1996); R. H. Anderson, T. K. Bikson, S. A. Law y B. M. Mitchell, *Universal Access to E-Mail: Feasibility and Societal Implications*, cit. Véase también Comisión de la Comunidad Europea, comunicación de la Comisión: "El servicio universal de telecomunicaciones en un contexto plenamente liberalizado. Un elemento esencial de la sociedad de la información", Bruselas, OCSE, 1996; F. Castelli, *Il servizio universale in un mercato aperto*, Milán, Angeli, 1996.

El concepto de "ciudadanía electrónica", desde esta perspectiva, no se relaciona solamente con las nuevas modalidades de acción de los ciudadanos y la necesidad de que se concreten en plenitud y para todos. Debe ser igualmente relacionado con una realidad absolutamente nueva, que atañe a la posibilidad de provocar la emergencia sobre las redes de reales y auténticos "sujetos colectivos electrónicos", profundamente diferentes por naturaleza, organización y modalidad de funcionamiento de los sujetos colectivos que habíamos conocido hasta el presente, puesto que se hallan liberados de todo vínculo espacial o temporal. Nos enfrentamos a reales y auténticas "comunidades virtuales". En una situación de crisis de los sujetos políticos tradicionales (partidos, sindicatos), no puede ser desdeñada esta nueva frontera de la organización social, aunque tampoco pueda ignorarse el riesgo de conflicto entre comunidades virtuales, que utilizan el tiempo mundial de las telecomunicaciones, y comunidades reales, que utilizan el tiempo local de las actividades inmediatas.

5. *Las condiciones de la ciudadanía*

El cuadro de oportunidades, entonces, debe ser controlado teniendo en cuenta las tendencias reales verificables en los distintos países. Ellas muestran que, junto a las aperturas promovidas tanto por la nueva dimensión que asumió el derecho a la información como por la difusión de las redes, operan fuerzas que apuntan a restringir concretamente las posibilidades de acción de los ciudadanos, aislados o asociados. ¿La promesa del servicio universal será entonces anulada por las lógicas que tienden a excluir a los ciudadanos del libre acceso a la creciente cantidad de informaciones?

Un caso aparentemente menor, el de los derechos televisivos sobre las manifestaciones deportivas, nos enfrenta a las contradicciones y a las paradojas de la sociedad de la información, que cada vez son más intensas e inquietantes. Aumentan enormemente las posibilidades de los ciudadanos de acceder, con una multiplicidad de instrumentos y en formas diferenciadas, a las más variadas categorías de información. Pero esta expansión de las oportunidades está asociada, por una parte, a concentraciones cada vez más masivas en el sector de la oferta, y por la otra, experimenta imprevistas clausuras, que hacen que de pronto desaparezca el acceso a manifestaciones, informaciones y espectáculos hasta ayer libremente disponibles.

La promesa de una extraordinaria libertad electrónica se enreda con el interés en la gestión privada de las informaciones por parte de un grupo cada vez más restringido de proveedores. El tenis de primer nivel ya fue engullido por la televisión codificada y lo mismo comienza a ocurrir con el amadísimo fútbol. Las razones del mercado se imponen. ¿Quieren ver? Paguen.

Tratando de reaccionar ante esta tendencia, la Cámara de los Lores declaró "de interés nacional" una serie de importantes manifestaciones deportivas, y se comienza a hablar de un nuevo derecho de los ciudadanos, "el derecho a la transmisión en directo y sin codificación". Y el Parlamento europeo y el español se han pronunciado en el mismo sentido. Se asegura, empero, que ésta es una posición retardataria, indefendible, destinada a ser rápidamente modificada. Y de ello se pasa al anuncio de un cambio más general, de una progresiva desaparición en la televisión no codificada de todo lo que suscita el interés más intenso de la opinión pública y que, por lo tanto, puede ser fácilmente "vendido".

Una confirmación de ello surge del lugar por excelencia de la libertad telemática, de Internet, donde el creciente interés de las organizaciones comerciales está ya cambiando la fisonomía de una red que parecía haber concretado la aspiración de mantener la independencia de todo posible vínculo, en un juego anárquico que desafiaba cualquier condicionamiento y daba a todos la posibilidad de hacer de todo. Nos enfrentamos a nuevos cambios, a la necesidad de repensar los esquemas con los que hasta ahora se trataba de interpretar la revolución telemática.

Se pueden ya entrever los efectos sociales del acelerado avance hacia un control total del fenómeno deportivo por parte de los grandes grupos televisivos, que muestra una muy fuerte afinidad con todo lo que ya ocurrió en el campo de la política. No sólo quedaron vacías las plazas donde se reunían los ciudadanos para escuchar a sus líderes políticos. La pantalla televisiva las sustituyó con sus confrontaciones y con su capacidad de llegar a todos en todas partes. ¿Sucederá lo mismo para los grandes acontecimientos deportivos? ¿Todo tipo de lazo social está destinado a ser sustituido por estas formas de participación en la comunidad electrónica?

Todo ello incide sobre el modo de ser ciudadanos. Se afirma justamente que la ciudadanía de la era electrónica está caracterizada por la posibilidad de acceder a las infinitas informaciones que ya están al alcance de la computadora. Se añade que el acceso a las redes debe asumir la forma de un "servicio universal", disponible para todos en condiciones tales que permitan concretar dicha posibilidad. A partir de estas premisas, muchos municipios, por ejemplo, están experimentando con el acceso gratuito a Internet. Pero este magnífico derecho de acceso electrónico corre el riesgo de ser vaciado, o fuertemente limitado, cuando el ciudadano que lo ejerce se enfrenta a una realidad en la cual se reducen las informaciones libremente disponibles.

He aquí, entonces, el nuevo problema. No son suficientes el reconocimiento de un amplio derecho de acceso y la insistencia sobre el servicio universal. Para que ellos no sean solamente fórmulas sin referencias concretas, es necesario responder a una pregunta: ¿derecho de acceso a qué cosa? La respuesta puede ser encontrada en lo que está llamado a constituir el nuevo punto central de la discusión: es indispensable que el derecho de acceso se acompañe con un "contenido informativo esencial", una masa crítica de informaciones que dé sentido y sustancia a las posiciones de los ciudadanos. Y es lo que precisamente se trata de lograr en Gran Bretaña y en España, en el Parlamento europeo, estableciendo un cierto número de manifestaciones deportivas que, de todos modos, deben ser transmitidas sin codificación y puestas a disposición de todos sin costos agregados.

La cuestión se extiende más allá de la comunicación electrónica y abarca también la actualísima cuestión de las privatizaciones. Hoy se reconoce en todos los países el derecho de los ciudadanos al acceso cada vez más amplio a las informaciones en manos públicas, para permitirles un conocimiento que los coloque en grado de evaluar directamente los problemas más relevantes y de controlar a los poseedores de los datos particularmente significativos. Cuando un sector es privatizado, empero, esta posibilidad de conocimiento desaparece. Surge así la exigencia de definir algunas informaciones como "públicas", independientemente del sujeto que las posee, para mantener en la sociedad el grado necesario de transparencia y de poder de los ciudadanos fundado sobre la información. Volvemos siempre al tema de la "masa crítica" de informaciones, a las cuales se debe poder acceder libremente, como característica de la naciente ciudadanía electrónica.

Los intereses económicos y políticos que se contraponen a este planteo son enormes, puesto que se tocan temas vitales como el ordenamiento de las telecomunicaciones, las tarifas telefónicas, la normativa jurídica de los sectores privatizados y el poder de los agentes de la comunicación electrónica. Pero todo ello configura también la dimensión "constitucional" donde se definen las características de los sistemas políticos y sociales.

6. Seleccionar y completar: un problema para la democracia

Para quien frecuenta las tecnologías de la información y de la comunicación, la superación de las barreras al acceso masivo y la caída de los vínculos de tiempo y de espacio, se presentan también como los canales que brindan a todos los datos que en el pasado se reservaban a grupos restringidos, contribuyendo así a una construcción más rica de las subjetividades individuales y colectivas. Las oportunidades nos parecen formidables. Toda la pintura en un único museo virtual, una filmoteca completa permanentemente disponible, cualquier literatura al alcance de la mano. Pero precisamente en ello, en esta totalidad prometida y realizable, radica el auténtico problema de la cultura y de la democracia. Hasta ayer, efectivamente, el momento esencial de toda colección (un museo, una biblioteca, una filmoteca) era, y no podía no serlo, *seleccionar*. Hoy, el tema, o, si se prefiere, la obsesión, es *completar*.

No es una aspiración desmesurada, pero sí el problema central, que puede ser explicado con un ejemplo. Muchos recordarán que en diversas universidades norteamericanas las minorías étnicas protestaron contra los programas tradicionales que, a su juicio, expresan sólo un punto de vista "dominante" y eliminaban todas las culturas no reducibles a dicho criterio. A terminar, entonces, con Homero y Shakespeare, con Dante y Proust: vía libre para otras voces, las provenientes del seno de esas otras culturas, en las cuales se refleja una acentuada necesidad de construcción de la identidad.

Dicha tesis es impugnable y fue impugnada. Pero lo es, precisamente, cuando el problema es el de la selección, de qué incluir o excluir en un curso de "literatura universal". No obstante, sus dimensiones cambian cuando no se discute sobre la limitación de las horas de curso o sobre las páginas a estudiar para un examen, sino el problema más general de qué hacer, en sus aspectos fundamentales, accesible. El imperativo de la selección desaparece. Rige, en cambio, la demanda, o la pretensión, de ver al humilde cantante negro junto a Homero, al objeto de la artesanía mesoamericana junto a la *Gioconda*. Cuando la promesa es la de lo ilimitado, para no decir de lo infinito, ¿no es *exclusión* o *discriminación* cualquier selección que se realice?

Surge, adecuadamente, la cuestión de la democracia que vuelvo a definir como "continua" por su poder de penetración, y que se extiende a territorios que antes le eran ajenos. En el nuevo universo de la comunicación debemos acostumbrarnos a pensar que la democracia no reside sólo en la amplitud del acceso, sino en la naturaleza de lo accesible. No afirmaré que este segundo punto sea más importante que el primero, pero, seguramente, es imposible separarlos.

Con todo, ¿no es quizá cierto que la preponderancia del uso del inglés en Internet provocó estentóreas protestas contra el imperialismo cultural y el genocidio de las lenguas que encuentran cerrado el acceso a este esencial instrumento de comunicación? ¿No se elevaron protestas contra Bill Gates que se aseguró la exclusividad de la "reproducción" de algunos de los más importantes museos? Se vuelve a abordar aquí, de manera particularmente significativa, la distancia entre promesa y realidad, entre inclusión y exclusión.

Pero hay una fácil objeción. Aun en una época de acentuado turismo masivo permanecen elevados los costos del conocimiento directo mediante la visita al Louvre, al Ermitage, o a los museos vaticanos. ¿Por qué lamentarse entonces del reducido peaje, infinitesimal en relación con los gastos de un viaje, que permite contemplar dichos museos sin moverse de la propia casa, ofreciendo una oportunidad que en caso contrario no se tendría?

Se podría responder ciertamente con el argumento de quien celebra las virtudes de la apropiación directa, de la familiaridad física con las salas y con las obras que en ellas son expuestas. El recorrido de acceso puede valer tanto como la obra a la cual se llega. ¿Cuántas veces nos hemos escandalizado por el desnaturalizado San Pedro revelado por Piacentini luego de la demolición de la Spina di Borgo? Se podría replicar que será precisamente la realidad virtual la que nos restituya la posibilidad de efectuar aquel recorrido de acceso, reconstruyéndolo y consintiendo a todos el seguirlo, para redescubrir así el contexto en el cual dicha obra de arte fue pensada.

La cuestión radica más bien en el hecho de que la nueva dimensión no puede ser medida con un criterio de comparación con el pasado. Ella conlleva no sólo la promesa de hacer accesible para todos lo que antes se encontraba reservado exclusivamente para algunos, no importa si pocos o muchos. Muestra la creación de una dimensión en la cual dichas obras serán de manera real, y ya no más retórica, "patrimonio común de la humanidad".

Un realista objetará: ¿pero quién paga todo esto? ¿No existe indudablemente un boleto de ingreso a los museos? En consecuencia, recurriendo nuevamente al difícil criterio de la democracia, sostendré la necesidad de procurarse algunas garantías mínimas, que apuntan al menos en tres direcciones.

La primera se relaciona con el modo en el que se crea el museo, la biblioteca, la filmoteca o la videoteca. Debe ser garantizado el derecho de acceso de ingresar, pero también el de insertar. Esto no quiere decir que yo tenga el derecho de poner al lado de la *Vergine delle Rocce* a mi expresionista predilecto, en el mismo contexto. Pero debo poseer el derecho de crear el museo de arte centroafricano que tal vez no exista materialmente, al cual sólo la dimensión virtual puede otorgar concreción, y que constituye un instrumento esencial de conocimiento.

La segunda dirección nos conduce hacia el rechazo de todo derecho de exclusión. La propia naturaleza de los bienes culturales determina que su proyección en el ciberespacio torne ilegítimo –por parte de cualquiera, público o privado, que puede reclamar derechos sobre los mismos– todo intento de imposibilitar o hacer excesivamente onerosa su fruición. Si insistimos para que las bibliotecas materiales permanezcan abiertas el mayor número de horas posible, ¿podríamos tolerar que una biblioteca virtual discrimine a sus lectores? Para mantenernos en la nueva dimensión y no quedarnos enredados en la vieja, ello significa, fundamentalmente, dejar abiertas todas las posibilidades combinatorias, libradas a la inspiración de cada uno.

¿Y la tercera? Aquí chocamos con el eterno problema de los sujetos a los cuales confiar las mencionadas funciones de garantía, que muchos (¿demasiados?) querrían ver abandonadas, para recurrir a una imagen usada hasta el abuso, esto es, al exclusivo juego del mercado. ¿Pero ya la libre circulación de los automóviles no nos evoca de inmediato la necesidad al menos de algún semáforo, y, por lo tanto, la presencia de alguien que decida dónde situarlos y con qué lapsos regularlos?

Por otra parte, al subrayar la creciente personalización se había cada vez más de información "a medida", que sobre todo la comunicación en red haría más fácilmente posible. ¿Pero a la medida de quién? ¿Del destinatario de los mensajes? ¿Del consumidor de los servicios? ¿Del proveedor de informaciones y productos? ¿De un sujeto "actor" sobre un renovado escenario doméstico, donde una serie de funciones de organización y de control están ya confiadas a la tecnología? ¿Del ciudadano activo en la sociedad?

En realidad, estas diversas "medidas" se sobreponen, puesto que concretamente sucede que la misma persona puede cubrir más de uno de los papeles antes mencionados. El riesgo radica precisamente en que las nuevas tecnologías no sean utilizadas para valorizar las innumerables facetas de la personalidad o la coexistencia en un sujeto de diversas identidades, sino para exacerbar algunas de aquellas que pueden ser las posibles. El resultado consistiría en una reducción de la personalidad, considerándose como socialmente relevantes solamente algunas de todas las aptitudes del sujeto, con una posible desviación hacia la sustancial indicación de modelos de normalidad.

Se originaría así un efecto de fragmentación en el interior mismo del sujeto y una descomposición radical de la persona, justificados habitualmente con la pretensión de adherirse cada vez más estrechamente a sus gustos y a sus necesidades. El reconocimiento pleno del sujeto en el espacio electrónico se produciría solamente después de determinar su conformidad con las coordenadas consideradas socialmente más significativas, o, con mayor exactitud, económicamente relevantes desde el punto de vista de la adhesión a determinados modelos de consumo. Se plantean, por consiguiente, cuestiones relativas a la construcción de la ciudadanía y los más perturbadores interrogantes sobre todo lo que concierna a la protección de las minorías.

7. *Las vías de la democracia continua*

La democracia continua está presionada por formas de democracia "inmediata" que se resuelven cada vez con mayor frecuencia en la exacerbación del personalismo en la política, en la transformación de los referendos en plebiscitos, en la investidura más que en la elección, en el juego del sí y del no en lugar del juicio crítico. El contacto directo de los ciudadanos con los procesos institucionales puede transformarse así en un pilar de la democracia de las emociones, del plebiscitarismo y del populismo, según una crítica para nada nueva, pero que encuentra nuevos argumentos en los usos hasta ahora prevalecientes de las tecnologías de la información y de la comunicación.

Se corre el riesgo de desperdiciar precisamente lo que ofrecen las tecnologías: la posibilidad de no menoscabar la riqueza y complejidad sociales en procedimientos que provocan, en cambio, simplificaciones cada vez más acentuadas. Quedaría así traicionada la promesa que contaba con dichas tecnologías como un instrumento para una nueva distribución de los poderes y no para reforzar su concentración.

Sólo manteniéndose en el camino de la distribución de los poderes es posible dar vida a una organización política susceptible de coincidir con una sociedad que no sólo se presenta con características de creciente complejidad, y con una fuerte articulación y movilidad de los sujetos que la componen, sino que evidencia también formas de autoorganización de las cuales pueden surgir nuevas redes de relaciones. Esto significa que la distribución de los poderes no desemboca necesariamente en la fragmentación política y social, según un esquema interpretativo anterior al advenimiento de las tecnologías de la información y de la comunicación (y frecuentemente desmentido, sin embargo, por la fecundidad de las experiencias de descentralización y de autogobierno). Tales tecnologías, junto con el efecto de *distribución*, producen un efecto de *conexión* entre los distintos sujetos involucrados. De tal modo, aun cuando los anteriores equilibrios resulten perturbados o eliminados, pueden distinguirse inmediatamente en su lugar las posibilidades de nuevas relaciones y equilibrios.

Considerado desde esta perspectiva, el recurso a las nuevas tecnologías no cumple tan solo una función redistributiva de los poderes, sino que puede contribuir a la creación de condiciones de estabilidad. Es fuerte, por cierto, la propensión hacia el gobierno autoritario de la complejidad, en virtud de las ya mencionadas posibilidades de simplificación brindadas por las mismas tecnologías. Pero conviene tener presente que, al margen del juicio sobre la democraticidad de un sistema así estructurado, la dimensión comunicativa y sus dinámicas pueden determinar precisamente la permanente tensión entre el control autoritario y las posibilidades informales de intervención de los ciudadanos. Se incrementa así la precariedad interna del sistema y se lo expone a permanentes conflictos, con el riesgo inmanente de una espiral que conduzca al endurecimiento progresivo de la lógica autoritaria y que también pueda desembocar en la pérdida de eficiencia.

La referencia a la eficiencia remite a las experiencias ya consolidadas en el campo industrial, donde el recurso a las nuevas tecnologías permitió lograr un altísimo grado de flexibilidad productiva y de adaptación continua a las preferencias de los consumidores (sin abrir aquí una discusión sobre el modo en que ellas se constituyen). Las variaciones en las preferencias hacia un producto, un modelo o un color son inmediatamente registradas gracias a la existencia de redes que, por ejemplo, conectan con el centro una inmensidad de puntos de venta, de tal manera que la producción pueda adecuarse de forma casi automática a las realidades más cambiantes. Resulta así exaltado el momento de la *continuidad*, mejor dicho, se convierte en una característica del ciclo productivo, según una lógica que puede ser descrita con fórmulas como "encuesta permanente" o "referendos instantáneos" sobre las actitudes de los consumidores.

Hay en esta descripción una exageración buscada, que sirve para marcar también los límites de la trasposición de estas lógicas de la dimensión empresarial a la política, y para clarificar mejor las modalidades de uso de la tecnopolítica. El universo de las preferencias en el consumo resulta así considerado en su complejidad, sin procurar relacionarlo necesariamente con las exigencias inmediatas de una producción industrial unificada. Si en otra época las exigencias de la producción eran expresadas en la fórmula que postulaba para todo norteamericano la libertad de elegir el automóvil que compraría, siempre que "fuese un Ford y de color negro", hoy la consigna parece ser la de la amplia diversificación de la oferta.

En el sistema político la expresión articulada de las preferencias, susceptible de distinguir hasta las mínimas facetas del cuerpo social, corresponde a un proceso de develamiento y de participación que acrecienta la posibilidad de reconocimiento mutuo y de diálogo entre instituciones y ciudadanos. No es imaginable, sin embargo, una respuesta política que considera el registro de la mencionada multiplicidad como una especie de obligación de satisfacer todo tipo de demandas, en lugar de tomarla como punto de partida de un inevitable proceso de selección. Si aun las fórmulas como "bien común" o "interés general" fueran consideradas como no correspondientes con los criterios que guían efectivamente a dicho proceso, se plantearía continuamente, de todos modos, el problema de elegir entre demandas incompatibles, de asignar a uno u otro objetivo los recursos escasos, y de mediar entre posiciones en conflicto. Y cuanto más una sociedad es explorada en cada uno de sus resquicios y cuanto mayor es la evidencia de cada interés aunque sea mínimo o sectorial, tanto más exigente resulta la faena de la unificación política.

En tal circunstancia, cobra vigor la tentación de invertir el sentido de las tecnologías de la información y de la comunicación, para utilizarlas como instrumentos de obtención del consenso sobre soluciones ya definidas, en lugar de servirse de ellas como canales que permitan captar en su plenitud la realidad social y conceder voz a todos los que la integran. Precisamente por el hecho de que tales técnicas pueden revelar y hasta enfatizar situaciones de diversidad consideradas como no controlables, es fácil presentarlas como un factor de fragmentación y de peligrosa complicación del sistema político. Sin embargo, dado que las posibilidades de ocultamiento chocan con las características propias de las nuevas tecnologías, es necesario, a menos de imponer vínculos autoritarios a su utilización, que se comiencen a evaluar las posibles modalidades de una democracia continua. Ellas deben tener en cuenta nuevas integraciones entre las instituciones y la intervención de los ciudadanos y buscar modalidades de actuación que no sean populistas o manipulen las técnicas propias de la lógica de las encuestas.

Precisamente en los lugares canónicos de la democracia representativa, parlamentos u otras asambleas electivas, comienzan a aparecer instrumentos de intervención directa de los ciudadanos. Esto ocurre fundamentalmente con la apertura de espacios especiales (ventanillas de correo electrónico, sitios en la red) a los cuales los ciudadanos pueden hacer llegar sus opiniones, sus sugerencias y, en particular, sus "enmiendas" a los proyectos de ley en discusión. Se podría señalar, sin embargo, que ya en el pasado diversas formas de comunicación fueron empleadas para ejercer presiones sobre los parlamentarios, por medio de tarjetas postales, llamadas telefónicas, fax, etc. Y se puede agregar que, al menos hasta ahora, los miembros de las asambleas representativas no están formalmente obligados a tener en cuenta las observaciones de los ciudadanos expresadas en forma electrónica.

Pero, a diferencia del pasado, la posibilidad de intervención comienza ahora a estar institucionalmente prevista, con determinadas especificaciones acerca de su realización. Y si bien el grado de formalización es todavía muy reducido, las nuevas tecnologías permiten precisamente una intensidad y una amplitud a la intervención sin posibilidades de comparación con el pasado, de tal modo que se ensancha pronunciadamente el horizonte para los ciudadanos activos y para los parlamentarios se torna más difícil ignorar las posiciones de aquéllos.

Una integración más directa entre las actividades de los ciudadanos y las respuestas institucionales puede hallarse en la combinación entre la iniciativa legislativa popular, el procedimiento legislativo ordinario y el instrumento habitualmente considerado como símbolo de la democracia directa: el referendo.[19] No se trata de una novedad absoluta, puesto que ya existen –en particular en algunos estados norteamericanos– formas de iniciativa legislativa popular "indirecta"[20] que prevén precisamente el recurso conjunto a los tres instrumentos legislativos antes mencionados.

La iniciativa legislativa popular directa, que permite convocar al electorado a votar proyectos de ley propuestos por los ciudadanos, se presenta, del mismo modo que el referendo, como un instrumento de contraposición de los ciudadanos respecto del Parlamento y como una de las formas que asume una democracia directa que, de todas maneras, se mantiene como *intermitente*. Con todo, la integración entre momento popular y momento parlamentario desaparece con frecuencia aun en numerosos países que reconocen empero en sus constituciones el derecho

---

[19] Para un análisis crítico, véase Y. Papadopoulos, "Democrazia e referendum", en *Rivista italiana di scienza politica*, 1995, pp. 197-226.

[20] Alaska, Maine, Massachusetts, Michigan, Nevada, Ohio, Wyoming. Utah y Washington prevén asimismo este procedimiento, y aplican también la iniciativa legislativa directa.

de iniciativa legislativa popular indirecta, toda vez que el Parlamento no toma en consideración las propuestas de los ciudadanos.

Un modelo diferente de integración, que supera los inconvenientes de las dos hipótesis arriba descritas, es el que prevé la siguiente secuencia: iniciativa legislativa popular; examen de la propuesta por parte del parlamento; en el caso de que ello no ocurra dentro de un plazo establecido, o la propuesta de los ciudadanos sea rechazada en conjunto o profundamente modificada, se da lugar al referendo. En tal esquema, el punto problemático radica en la formulación de los criterios que permiten establecer si el parlamento modificó la propuesta popular hasta arribar a un resultado legislativo divergente del deseo de los ciudadanos que realizaron la propuesta.

Las soluciones mencionadas tienden, en algunos casos, a salvaguardar un amplio margen de evaluación por parte del Parlamento, previendo que no se pase al referéndum si este último aprueba una ley que adopta "sustancialmente la misma solución"[21] contenida en el proyecto de iniciativa popular. En otros casos, en cambio, el texto modificado por el Parlamento es sometido a referendo como alternativa al de la iniciativa popular.[22]

Este sistema, que ya concreta una integración entre democracia directa y democracia representativa y dura por

---

[21] Constitución de Alaska, art. 11, y *Alaska Statutes* 15-45, art. 1; Constitución de Wyoming, art. 3, sec. 52.

[22] Constitución de Michigan, art. 2, sec. 9; Constitución de Nevada, art. 19, sec. 2, cap. 1-3. En el estado de Washington (Constitución, art. 2, sec. 1ª) se establece un doble voto: el primero se expresa con un sí o con un no sobre la oportunidad de legislar; con el segundo se elige entre dos proyectos contrapuestos. Este sistema es similar al adoptado en 1996 en Suiza (art. 121 bis de la Constitución).

todo el lapso necesario para llegar a una decisión parlamentaria o referendaria, puede ser enriquecido para dar mayor continuidad a la presencia popular y evitar así contraposiciones solamente superables mediante el referéndum. Puede pensarse en la presencia en el transcurso del procedimiento legislativo de representantes de los promotores de la iniciativa popular. Esta innovación es ciertamente más fácil en sistemas que prevén el examen preliminar de todos los proyectos de ley por parte de una comisión parlamentaria, en cuyos trabajos podrían participar los representantes de los promotores con derecho a la palabra y, obviamente, sin derecho al voto. En los casos en los cuales el examen de las propuestas se realiza directamente en la asamblea parlamentaria, se debería solicitar a los representantes de los promotores su opinión sobre las propuestas de modificación, para facilitar así la comprobación de si el texto aprobado concuerda o no con el deseo de los ciudadanos que realizaron la propuesta.

El papel institucional de los representantes de los promotores no representaría una novedad absoluta, aunque sí sería nueva, por cierto, su participación directa en un procedimiento parlamentario. En Italia, efectivamente, el Tribunal Constitucional reconoció como "poder del estado" a los promotores del referendo para abrogar una ley, otorgándoles el derecho de representar a los ciudadanos firmantes del petitorio de referéndum en todas las etapas de control anteriores a la votación (que no se realizan en sede parlamentaria, sino ante el Tribunal de Casación y el Tribunal Constitucional). Aplicando una lógica similar, la Constitución de Massachusetts (Enmienda art. 48 III; sec. 1; art. 81, sec. 2,3) establece que si la iniciativa popular no es aprobada por el Congreso en el término de seis meses, los primeros diez firmantes pueden modificar el texto, con la obligación posterior de recoger las firmas aprobatorias de la mitad de los electores registrados y conseguir así el voto parlamentario positivo.

Se trata seguramente de procedimientos complejos, que sin embargo demuestran de qué manera es posible proyectar formas de integración entre democracia directa y democracia representativa. El marco institucional resulta así caracterizado por la continuidad de la presencia de los ciudadanos que, sin embargo, no los contrapone necesariamente a las asambleas legislativas. Y los entrelazamientos que ello implica pueden hoy ser mejor desenredados precisamente por las modalidades de información y comunicación más rápidas que ofrecen las nuevas tecnologías.

Por lo tanto nos enfrentamos a problemas que pueden ser encarados solamente si los esquemas simplificados del pasado se sustituyen con procedimientos que prevean la participación conjunta y la colaboración de un número más amplio de sujetos. En la misma dirección se orientan los intentos de rescatar la técnica del muestreo y el uso de las encuestas de los riesgos siempre muy elevado de convertirse en instrumentos de distorsión del procedimiento democrático.

En los últimos tiempos se han desarrollado *consensus conferences* [conferencia para lograr consenso], se experimentaron *deliberative polls* [encuestas deliberativas],[23] se inició un planeamiento "democrático" de los *electronic town meetings* [asambleas abiertas a través de un medio electrónico].[24] Comenzó así una etapa de investigación, en la cual casi siempre se puede rastrear la influencia del *minipopulus*

---

[23] J. Fishkin, *The Voice of the People*, cit., pp. 177-181.
[24] J. B. Abramson, *Democratic Designs for Electronic Town Meetings*, Washington D. C., Aspen Institute, 1993.

teorizado por Robert A. Dahl,[25] y que aspira a combinar las ventajas de las nuevas técnicas con el objetivo de evitar la transformación de la voz del pueblo en voces expresadas sólo en porcentajes y "recuentos". Es así retomada la inspiración originaria de los *town meetings*, poniendo el acento en la irreductibilidad de este tipo de reuniones al exclusivo momento resolutivo. Ellas, por el contrario, encarnaban una compleja estrategia democrática, dirigida a la educación de los ciudadanos en el bien común, en la práctica del autogobierno y en la participación en un proceso político abierto en condiciones de igualdad.

Como se mencionará más adelante, la experiencia histórica de los *town meetings* no siempre correspondió con estas finalidades ambiciosas. Y, en los últimos tiempos, suscitó rechazos y críticas el uso de tal referencia inspirada en preferencias de tipo populista más que en el ideal de una democracia expresada en un continuo "cara a cara" de los ciudadanos. Pero es significativo que, en el momento en el que de todos modos recobra su prestigio la antigua expresión, se quiera recuperar también su significado profundo, proponiendo estrategias que tienen en común algunos elementos esenciales.

En las distintas hipótesis antes mencionadas, el punto de partida estaba representado por la utilización de la técnica del muestreo, considerada necesaria para este tipo de experimentaciones que exigen, para ser viables, la selección de un grupo altamente representativo de ciudadanos. Sin embargo, una vez seleccionado el grupo se aplica algo muy distinto de la técnica de la encuesta, porque las personas escogidas son reunidas, y no consultadas por separado, in-

---

[25] R. A. Dahl, *La democrazia e i suoi critici*,* Roma, Editori Riuniti, 1990, p. 514.

volucrándolas en una actividad de documentación y discusión, sin que se los estimule a dar respuestas inmediatas.

La reunión puede realizarse en un lugar no público (aun en un espacio virtual) o en un único estudio televisivo, y su duración puede variar desde el lapso de una transmisión ordinaria de televisión (para las experimentaciones menos refinadas) hasta un completo fin de semana o períodos todavía más largos. El primer acto del procedimiento de consulta consiste en el despliegue de una amplia documentación sobre el tema a analizar, que puede ser accesible aun antes de la reunión y que los participantes pueden solicitar que sea incluso completada, en algunos casos, con entrevistas a expertos.

La elección del lugar y de las modalidades de la reunión dependen de la intención de asociar a la técnica del muestreo la posibilidad de intervención de todos los demás ciudadanos: se procura así recuperar la tendencia a la plena participación, desde el punto de vista de un *town meeting* abierto a todos los habitantes. En este caso, la discusión del grupo representativo de muestra es pública, trasmitida por una red televisiva, a la cual pueden incorporarse con variados instrumentos (teléfono, correo electrónico, televisión interactiva, intervenciones en red) todos los interesados.

Esta fórmula abierta se encuentra también en algunas experimentaciones locales de *electronic town meetings*, pero hasta ahora permaneció ajena a la experiencia de las *consensus conferences* y de los *deliberative polls*. El aspecto interesante de esta divergencia de procedimientos está representado por la superposición a un grupo de muestra cerrado y formalizado (el inicial) de un grupo autoseleccionado y variable, como es el que resulta de las intervenciones de los telespectadores. Este último grupo de muestra puede a su vez ser encuestado cuando se dispone, por ejemplo, de una televisión interactiva. Las encuestas realizadas con esta modalidad constituyen un ulterior elemento de información para los integrantes de la muestra oficial y permiten su interacción con la generalidad de los ciudadanos.

Se puede pensar, naturalmente, en una integración de los dos modelos. Cuando el grupo seleccionado se reúne durante varios días, es posible prever para determinado momento una discusión pública, dirigida precisamente a proporcionar a los integrantes de aquel grupo, mediante una confrontación más amplia, la posibilidad de una revisión de las posiciones alcanzadas hasta dicho momento.

El punto de arribo de la actividad de la muestra seleccionada puede concretarse de variadas formas: un documento en común, eventualmente con la expresión de las opiniones divergentes; la distribución de las preferencias de los participantes entre varias respuestas posibles, en forma de lista; las tradicionales respuestas individuales a un cuestionario, y todas las demás formulaciones que puedan considerarse pertinentes. Es interesante destacar que los datos recogidos en el curso de las experiencias efectuadas hasta este momento permiten comprobar cambios de opinión entre los participantes del grupo inicial como consecuencia de la discusión generalizada. El pasaje de la lógica de la encuesta –que aísla los interrogantes– a la de la discusión preliminar a toda expresión de opiniones, reproduce las condiciones de una democracia del diálogo, que las tecnologías de la información y de la comunicación pueden enriquecer aún más.

Los efectos de estos procedimientos deben ser luego evaluados desde distintos puntos de vista. Si se considera la dimensión de una *consensus conference* o de un *electronic town meeting*, se puede considerar, cuando ellos son de alcance nacional, que suscitan una atención y un eco mayores, pero que ejercen una influencia más fuerte cuando las cuestiones tratadas son de alcance local. Si se considera el objeto de la discusión o de la deliberación, es necesario distinguir entre los casos en que es afrontado un tema que estuvo en el orden del día de una asamblea legislativa y los que se relacionan genéricamente con cuestiones de interés común. En la primera de las hipótesis se puede obtener una influencia directa sobre el procedimiento legislativo, sobre todo si se establece un vínculo entre las conclusiones del grupo y la actividad parlamentaria, como ocurrió cuando el informe de una *consensus conference* fue incorporado a la carpeta de documentos distribuida a los parlamentarios. En la segunda de las hipótesis, más bien se activan procesos en el interior de la opinión pública, que pueden luego influir sobre la configuración de la agenda parlamentaria y política.

En este punto, obviamente, se vuelve a la eterna cuestión de quién posee el poder de elegir el tema a discutir y de establecer las modalidades de discusión. Y las nuevas tecnologías, la propia articulación de la tecnopolítica, pueden impedir que tales circunstancias sean patrimonio de formas de gestión esencialmente autoritarias.

Ya sucedió, en efecto, que se haya recurrido a otro de los instrumentos típicos de la tecnopolítica, los *focos groups*, para definir mejor, por ejemplo, las modalidades de organización de los *deliberative polls*. Procedentes también ellos del mundo de las investigaciones de mercado, los *focus groups* son utilizados para comprobar la reacciones colectivas frente a determinados hechos, reuniendo un grupo restringido de personas bajo la conducción de un experto (frecuentemente un especialista en encuestas). Se trata de un instrumento que proporciona conclusiones de tipo cualitativo, las que pueden orientar luego el planeamiento de posteriores encuestas o, como ocurrió en la preparación de un *deliberative poll*, permitir la identificación de un problema (en el caso específico: las dificultades para las mujeres de participar en la reunión), y estudiar preventivamente la solución.

En definitiva, el conjunto de tales experimentos toma en cuenta las novedades ya producidas en el interior del sistema político, los instrumentos en que han cobrado cuerpo y las perspectivas que se entreabren, procurando combinarlas de distintas formas para asegurar su alcance democrático. En realidad, el objetivo es mucho más ambicioso: aprovechar las nuevas oportunidades para iniciar procesos de democracia "deliberativa" (Fishkin, por ejemplo, utiliza el mismo término que Habermas), rescatando a los ciudadanos del silencio al que parecían condenados, fortaleciendo instituciones como las elecciones primarias, ahora empobrecidas por la participación de una muestra reducida y autoseleccionada y saliendo de la lógica televisiva de "la provocación" o del "duelo".[26] Como los otros procedimientos de discusión y de evaluación colectiva ya mencionados, los *deliberative polls* pueden representar "el momento en el cual el país, si se concede una pausa, respira profundamente y reflexiona sobre los temas de fondo".[27] Y, de tal modo, pueden también resultar reforzados los otros y sucesivos momentos del proceso político.

Al margen de las diversas experiencias e hipótesis, se evidencia la aspiración a utilizar las tecnologías de la información y de la comunicación para recrear la ciudada-

---

[26] J. Fishkin, *The Voice of the People*, cit., p. 170.
[27] Ibíd., p. 171.

nía activa en la época del creciente desencanto masivo y de abrir procesos que, además de ser ocasión de reuniones siempre ricas y estimulantes, posean su propia continuidad; ésta puede limitarse incluso a la del ciudadano aislado que, luego de participar en un *deliberative poll*, decide leer con regularidad un periódico.

Se advierte en ello la tendencia a la evolución de la sociedad de la información hacia una sociedad del conocimiento y hacia la reconstrucción de los lugares *continuos* de la política. Éstos eran brindados en Europa, por ejemplo, por las organizaciones de los grandes mediadores sociales, partidos y sindicatos en primer lugar. Pero no se trata sólo de nostalgia, o del deseo de reconstruir condiciones perdidas. Nos enfrentamos a ensayos de autorrepresentación que se sitúan, empero, en la dimensión de la recuperación del diálogo y de los lazos sociales y no en la, ahora predominante, de la fragmentación. En esto emerge también, aunque no siempre en forma explícita, el repudio a la política de los *issues*, seguramente capaz de provocar grandes movilizaciones, pero amenazada por el riesgo de la exacerbación de las diferencias y del énfasis en objetivos no negociables y en contraposiciones sin salida.

A una sociedad distanciada de los lugares canónicos de la representación, cada vez más empobrecidos, se le muestra así un camino posible para recuperar su participación en las decisiones en común. Tal vez no queden claramente excluidos los riesgos implícitos en todos los intentos de representación inmediata; pero el esfuerzo radica en situar en una dimensión colectiva las oportunidades ofrecidas a los individuos por las nuevas tecnologías. Ello se concreta mediante el esfuerzo de repensar y utilizar en su conjunto las tecnologías disponibles, hasta ahora instrumentos y símbolo de una intensa manipulación social, en las que se profundiza para sacar a la luz sus proclamadas virtudes democráticas.

El número de experimentaciones realizadas es ciertamente reducidísimo, y es todavía prematuro anticipar sus probables evoluciones. Es posible que fracasen o que en su lugar, con uno de esos saltos imprevistos que caracterizaron hasta ahora a las tecnologías de la comunicación, aparezcan de improviso otras formas de acción política en común. De todos modos, dichas experimentaciones deben ser consideradas como un nudo más de la trama que desde la distancia une las redes cívicas y los navegantes de Internet, con una continuidad de presencias que es permanentemente acosada por las pulsiones autoritarias y los intereses del mercado, pero que debe ser también considerada como recurso para una democracia difícil.

Sin embargo, solamente si partimos de estos aspectos parciales podemos reflexionar sobre utilizaciones futuras que no se presentan exclusivamente como el resultado de una imaginación diligente. La perspectiva es siempre la de expandir las tecnologías de la información y de la comunicación a toda la sociedad. Pero el objetivo no es tanto el de anticipar a toda costa el momento de la decisión, como el de reaccionar ante los nuevos males que acosan al proceso democrático, aun cuando sus apariencias asemejen a las de la participación total.

Junto al tradicional problema del silencio de los ciudadanos entre una y otra elección, se plantea ahora, con creciente intensidad, el de su apatía, testimoniado por la declinante participación en las mencionadas circunstancias electorales. Este nuevo silencio es roto por la intervención cada vez más frecuente de grupos que utilizan las tecnologías de la comunicación y las ocasiones que ofrecen, por ejemplo, las "consultas" promovidas por las transmisiones televisivas. Se multiplican, efectivamente, los casos en los cuales millones de personas responden por teléfono a convocatorias televisivas, "votando" por un gobierno o la elección de una jovencita o expresando sus opiniones sobre un hecho o una persona.[28]

Resulta así evidente la disponibilidad de instrumentos técnicos que, además de algunos problemas específicos (impedir que la misma persona realice más de una llamada telefónica), posibilitan ya la intervención directa de un elevadísimo número de ciudadanos en procedimientos de consulta o de decisión. Sin embargo, estos "seudo-acontecimientos"[29] no pueden ser interpretados con seguridad como el síntoma de un posible abandono de la apatía, con la única condición de que los ciudadanos sean convocados de manera adecuada. Por otra parte, con ello también se replantearía la engañosa simplificación de la democracia limitada al momento de la decisión final. En los casos

---

[28] La noche del 2 de septiembre de 1995, en el transcurso de un programa televisivo sobre la elección de Miss Italia, entre las 22.49 y las 23.07, y, por consiguiente, en tan solo dieciocho minutos, se recibieron 3.648.684 llamados telefónicos, correspondientes a otros tantos "votos" por las distintas candidatas, a cada una de las cuales le correspondía un determinado número telefónico. Este acontecimiento se repitió en septiembre de 1997 (siempre con más de tres millones de "votos"), y había sido precedido en particular por un "referendo" promovido el 14 de diciembre de 1994 por *TG5* (noticioso del *Canal 5*): invitados a expresar su opinión sobre las posibles fórmulas de gobierno, en el curso de tres horas llamaron casi catorce millones de personas (aunque se estimó que 40% de los 'votantes' habían llamado más de una vez). Pero el 28 de enero de 1992 la red televisiva *CBS*, en el transcurso del programa de Dan Rather "America on Line", había organizado un *National Town Meeting*, solicitando la intervención de los telespectadores para comentar el mensaje presidencial sobre el estado de la Unión: lograron emitir su opinión solamente 314.786 personas sobre el total de 24.600.000 que intentaron telefonear.

[29] J. Fishkin, *The Voice of the People*, cit., p. 39.

antes mencionados de las intervenciones telefónicas de los telespectadores, se manifestó principalmente la tendencia hacia la autoselección de la muestra, con una "seudorrepresentación" de las opiniones que puede distorsionar gravemente el significado de la intervención directa de los ciudadanos. A diferencia de las minorías "intensas" del pasado, tales grupos no actúan para movilizar un número cada vez mayor de personas, sino que se proponen como intérpretes de la voluntad general o, de todos modos, de la opinión mayoritaria.

También resulta evidente, por lo tanto, el riesgo de una peligrosa involución del sistema político, cuyo funcionamiento puede verse fuertemente condicionado por grupos no representativos. La tendencia hacia la democracia directa origina la pérdida de universalidad: tienen voz solamente los que deciden, o disponen de la posibilidad de servirse de las tecnologías de la comunicación. Se pierden de tal modo las garantías formales brindadas por los procedimientos de la democracia representativa, y se llega a una suerte de régimen de elites "casuales".

Para recuperar la lógica de la democracia continua, superando el límite de las oportunidades y de los instrumentos antes mencionados, se pueden planear modalidades de organización y de acción que apunten a una "política molecular", creen las condiciones para la ciudadanía activa y promuevan de tal modo el *government by discussion*. Las diferencias respecto de un distinto uso de la iniciativa legislativa popular y de las técnicas referendarias, o de instrumentos como las *consensus conferences* o los *deliberative polls*, se observan ante todo en que la atención está dirigida desde el principio hacia la generalidad de los ciudadanos. Y también en que se apunta a un cambio del ámbito institucional que no implica necesariamente el abandono de los procedimientos representativos, sino que los sumerge en un contexto caracterizado por nuevas formas de intervención de los ciudadanos. Ya hoy las redes cívicas conviven con las formas tradicionales de gobierno local, en un juego de intercambios del cual no se descifraron aún todos sus efectos.

La extensión de la oferta tecnológica debería implicar, por lo tanto, el enriquecimiento de la oferta política. Las tecnologías de la información y de la comunicación permiten una mayor adhesión a los matices de la realidad, la amplia identificación de las competencias sociales y la movilización de las energías colectivas. El problema, entonces, consiste en pasar de la *representación* de la sociedad a formas de gobierno en condiciones de expresarla, alcanzando también condiciones de eficiencia que, como ya se dijo, están ligadas precisamente a la capacidad de hacer que coincidan las estructuras políticas con una estructura social compleja.

Queda ahora en claro que, desde esta perspectiva, se enfrentan dos estrategias. La que se basa "sobre el tríptico infernal televisión/encuestas/elecciones",[30] que conlleva el control autoritario de la opinión pública, la reducción de la democracia al momento de la respuesta final y la ilusión de la soberanía; y la otra, esencialmente continua y discursiva, de la cual se indicaron hasta ahora sus posibles caminos. Ella no implica tanto la renovación de los procedimientos, como la movilización de una platea tendencialmente ilimitada de sujetos, realizando así el objetivo primario de la democracia: la inclusión de los ciudadanos en el *demos*.

---

[30] P. Lévy, *L'intelligenza colletiva*, cit., p. 91.

En la situación presente, una política discursiva, "molecular",[31] o de cualquier otra forma que se quiera llamarla, apunta en primer lugar a una suerte de gran educación cívica, a la creación de una renovada democracia del compromiso, para lo cual se deben preparar las condiciones técnicas, culturales e institucionales. Ello implica igualdad en el acceso al instrumental necesario, tanto desde el punto de vista físico como del aprendizaje de las modalidades de uso; transparencia de las nuevas formas de acción individual y colectiva; relevancia de tales acciones, sin importar su reconocimiento formal, para las instituciones existentes, en el sentido de que algunas decisiones de importancia general, por ejemplo, no sean adoptadas sin una previa discusión pública en el espacio electrónico, aunque ello carezca de validez vinculante para el tomador final de decisiones.

Si se considera realmente que el momento central está representado por la discusión y que ésta deba orientarse en el sentido de asegurar las máximas posibilidades de intervención a los ciudadanos, es evidente que los resultados de dicho proceso no podrían dejar indiferentes a los órganos llamados a tomar la decisión final. Y esto sería igualmente cierto aun en el caso de que las discusiones fuesen el fruto de iniciativas espontáneas de grupos de ciudadanos.

Se presentan aquí nuevamente algunas de las cuestiones ya analizadas, desde la relativa a la disponibilidad de las informaciones hasta la más general del significado que reviste la referencia a los procedimientos democráticos. Es obvio que ninguna discusión puede iniciarse sin disponer de las informaciones necesarias, y que ello debe ocurrir en condiciones de esencial paridad con los sujetos formal-

---

[31] Es la fórmula preferida por P. Lévy, ibíd., pp. 82 y ss.

mente titulares del poder de decisión. El desnivel informativo, efectivamente, puede perjudicar la eficacia de las posiciones asumidas por los grupos sociales.

Una vez más, se destaca así la importancia de concentrar la atención en extender espacial y temporalmente el proceso democrático. La liberación de los vínculos de espacio y de tiempo, posibilitada por las nuevas tecnologías, no puede ser transformada por cierto en la drástica reducción de los tiempos de reflexión, acompañada por un coro de aclamaciones que llegan simultáneamente desde los más diversos y apartados lugares. Por el contrario, nos enfrentamos a la posibilidad de enriquecer todo el proceso preparatorio de la decisión, atribuyendo a éste y no tan solo al momento conclusivo, el objetivo de ampliar la democracia.

Ya ocurrió que discusiones en la red influyesen de modo significativo sobre las decisiones políticas. Ello debe inducirnos a prestar particular atención a las condiciones previas de dicho proceso (acceso, carácter general del servicio, tarifas). Pero la democracia continua no puede consistir solamente en un reforzamiento, aunque sea extraordinario, del poder de presión por parte de los grupos interesados, a pesar de que puedan ser portadores de los más nobles intereses. La atención debe dirigirse al modo que más favorezca el involucramiento progresivo de una multiplicidad de sujetos, individuales y colectivos, institucionales y no institucionales.

Desde el momento en que los ciudadanos son puestos en condiciones de intervenir, asumiendo alguno de los papeles antes mencionados,[32] la red no ofrece solamente la posibilidad de una mejor utilización de las informaciones

---

[32] Véase *supra*, pp. 68-71.

disponibles, sino también de su permanente integración, evaluación y difusión. Por otra parte, las posibilidades de discusión ofrecidas por la red no sufren los condicionamientos típicos de la prensa y de la televisión, o de cualquier otra forma tradicional de debate público.

Ello significa que la discusión en red puede articular un proceso: ofreciendo accesibles y múltiples oportunidades de intervención a todos los interesados; permitiendo expresar motivaciones o contrapropuestas analíticas y obligando así a réplicas igualmente detalladas; dificultando la estrategia de la indiferencia por parte de los sujetos institucionales, bajo pena de sufrir una crisis de consenso.[33] El efecto global es el de un doble develamiento, sobre el sector de las instituciones y sobre el de la sociedad. Esto ocurre porque esta última no puede presentarse más como el lugar de las potencialidades no expresadas, ya sea por vínculos objetivos como por los impuestos desde el poder, y porque las instituciones no pueden ignorar las nuevas formas de movilización social, recurriendo por caso al argumento habitual del "no hay que ceder ante la plaza", desde el momento en que la plaza electrónica se convierte en el lugar de la argumentación y no en el de la presión o de la imposición.

Nos encontramos así proyectados más allá del propio y muy importante pasaje de los procedimientos de decisión piramidal a los de la decisión en red. Si la red se mantiene como el punto de apoyo del renovado proceso democrático, no lo es tanto porque comporta un procedimiento diferente de los del pasado, pero igualmente exclusivo y totalizador. Ella permite fundamentalmente formas variadas de expresión y de interacción entre dis-

---

[33] F. Carlini, *Internet, Pinocchio e il gendarme*, cit., p. 206-209.

tintas realidades: es el disparador de procesos, no un proceso cerrado en sí mismo.

Tendría que ser superfluo, a esta altura, repetir que no todo puede confiarse a la espontaneidad. La libertad de los procesos, y de sus actores, debe ser por cierto salvaguardada: pero deben crearse, y garantizarse, todas las condiciones previas para que esta libertad pueda manifestarse concretamente. Así como las otras encarnaciones de la democracia, también la democracia continua exige la definición de su espacio constitucional, según parámetros que aquí fueron (y lo seguirán siendo) repetidamente señalados. Y en este punto el optimismo de la representación debe ceder al realismo del que destaca las dificultades, y las resistencias, contra esta verdadera y radical reforma, sobre todo en una época en la cual se insiste en aferrarse a lógicas simplificadoras aun en situaciones que impondrían, por lo menos tomar conciencia de la diferencia que existe entre complejidad y fragmentación.

Pero las últimas consideraciones nos muestran también las formas en las cuales podrían resurgir los aspectos propios de una democracia de masas que no ostente, empero, los colores del populismo. La garantía contra este riesgo había sido confiada, en el pasado, a la presencia de fuertes mediadores sociales, como los sindicatos, o, precisamente, los partidos democráticos de masas. La crisis de este tipo de mediación, asociada a la irrupción de la tecnopolítica, hizo resurgir, hasta con brutalidad, los riesgos de una política de masas esencialmente autoritaria, ligada a la ilusión de un poder restituido al pueblo mediante su participación directa en algunos momentos finales del proceso de decisión. Un posible antídoto, o salvamento, debe buscarse no tanto en una supuesta ontología de las nuevas tecnologías, que las haría inmunes por su naturaleza a las utilizaciones totalitarias, sino más bien en la consciente resolución de situarlas en una dimensión menos *decisional*, extendiéndolas a todo el proceso de deliberación democrática.

Es precisamente esta ampliación del área afectada por la democracia continua lo que permite considerar como injustificadas las preocupaciones de quienes conciben que la presencia de tantos sujetos e intereses en todo el proceso decisional ocasione a éste la pérdida de toda profundidad, vinculándolo a la cotidianidad e imposibilitando así las políticas globales y a largo plazo. Se ha señalado justamente que tal es el efecto de las políticas gobernadas por el "tríptico infernal", y que la recuperación de la perspectiva, en política, está directamente ligada a la capacidad de liberarse de la esclavitud de las encuestas y de la comunicación abreviada, típica de la televisión. Sólo "un tiempo para la decisión y la evaluación continua" podrá originar la responsabilidad colectiva que nos obligue a confrontarnos con las que serán consecuencias, en el futuro, de las decisiones de hoy.[34]

En este marco no se inserta de manera igualmente convincente la preferencia asignada a la política por *issues*, y a la consiguiente necesidad de pasar de la lógica de *una* mayoría a la de *varias* mayorías.[35] En esto se proyecta el análisis referido al modo en que el pasado reciente, y aun el presente, se expresaron las formas de movilización social diferentes de las canonizadas por los partidos y por los sindicatos. Por la misma razón que éstos, aplanados cada vez más en una abstracta vocación generalista, habían ido perdiendo paulatinamente la capacidad de captar con rapidez

---

[34] P. Lévy, *L'intelligenza collettiva*, cit., p. 91.
[35] Ibíd., p. 89.

las novedades merecedoras de ser traducidas inmediatamente en acciones políticas, los movimientos ligados a objetivos precisos y circunscritos pudieron cobrar fuerza y obtener resultados significativos. Pero ello, como ya se dijo, expone el funcionamiento del sistema a las contradicciones y a los conflictos que pueden ser provocados por la traducción en leyes, o de todos modos en actos vinculantes, de los *issues* portadores de una fuerte radicalidad y en contraste entre sí. Por lo tanto, desde la nueva perspectiva que aquí analizamos, el acento no debe ponerse sobre las diversas mayorías que pueden formarse sobre cada cuestión, sino sobre el hecho de que todos los *issues* quedan situados en la dimensión de la continuidad, lo que permite una evaluación de conjunto de sus consecuencias. Así se manifiesta claramente la aptitud de la democracia continua de pasar de la fragmentación a la complejidad, y a proyectar formas no autoritarias de gobierno; devela, al mismo tiempo, su carácter inevitable y su riqueza.

Razonar en términos de democracia continua, se resuelve entonces en una operación de ecología política. Todas las tecnologías, en su primera manifestación, poseen una acentuada propensión a contaminar el ambiente. Reducido al juego del sí y del no, el proceso democrático se convierte más fácilmente en objeto de manipulaciones y de autoritarismos. Se puede descontaminarlo considerándolo en su totalidad, poniendo el acento sobre la discusión y no solamente sobre la resolución, extendiéndolo en el espacio y reconquistándole el tiempo, tratando de restituirlo a ciudadanos puestos nuevamente en condiciones de construir lazos sociales.

CAPÍTULO QUINTO

Los lugares, la tecnología, la política

1. Forma urbana y forma política

Todo comenzó con Marshall McLuhan y su oximoron, la "aldea global",[1] y, por lo tanto, con el propósito (¿la pretensión?) de hacer coincidir los nuevos límites del planeta de la comunicación con la expansión total del espacio organizado más conocido y familiar. Llegaron después el "ágora informática" de Simon Nora y Alain Minc[2] y las mil "plazas telemáticas", la "teleciudad", la ciudad "virtual", "digital", "cableada", "invisible", con una ininterrumpida serie de remisiones al espacio urbano, como si ésta fuese la dimensión apropiada, o la única, en la cual estaba destinada a expresarse la creciente informatización de la sociedad y a la que estaba llamada a estructurar.

El entrelazamiento se hace más intenso cuando el jue-

---

[1] M. McLuhan y B. R. Powers, *Il villaggio globale** (1989), Milán, SugarCo, 1992 (pero esta referencia está presente en los escritos de McLuhan desde los comienzos de los años sesenta). Sobre el análisis aquí desarrollado, véanse las observaciones generales de H. Le Bras, *De la planète au village*, La Tour d'Aigues, Datar-Éd. Aube, 1993.

[2] S. Nora y A. Minc, *L'informatisation de la société*, París, Seuil, 1978.

go de las remisiones implica, o sobreentiende, la forma política. El *ágora* no designa solamente un área de la ciudad. Identifica y evoca el lugar donde puede materializarse el retorno de la democracia directa: y es ésta la causa de la elección de ese término por Nora y Minc. Naturalmente, las asociaciones entre forma política y forma urbana no son nuevas, como tampoco es nueva la relación intencionalmente establecida entre el ideal griego de una democracia de ciudadanos y las estructuras arquitectónicas de la helenidad. Nos encontramos con una de las más consistentes expresiones de esta relación, en épocas cercanas a la nuestra, precisamente en Nueva Inglaterra, patria de los *town meetings* que no casualmente, precedidos del adjetivo *electronic*, han vuelto a simbolizar en el lenguaje corriente el modo en que debería organizarse una comunidad[3] (en la misma lógica Ross Perot, para dar fuerza visual a sus perspectivas electorales, había elegido como referencia favorita la de una Electronic Town Hall).[4] Y las pequeñas ciudades de Nueva Inglaterra, donde se desarrollaban precisamente los *town meetings*, habían privilegiado, para la arquitectura pública y los edificios privados, la referencia a Grecia: "Los ciudadanos de Nueva Inglaterra habitaban en casas griegas, rezaban en iglesias griegas, hacían compras en negocios griegos y retiraban dinero de bancos griegos [...] El fin de este estilo, como símbolo de una democracia igualitaria, llegó a mitad del siglo XIX, cuando fue relacionado con los estados del sur".[5]

---

[3] Véase J. B. Abramson, *Democratic Designs for Electronic Town Meetings*, cit., tal vez la mejor reflexión sobre el tema hecha hasta el presente.

[4] Sobre este punto véase D. Nimmo, *The Electronic Town Hall in Campaign '92: Interactive Forum or Carnival of Buncombe?*, cit., pp. 207-226.

[5] G. Peet y G. Keller, *Courthouses of the Commonwealth*, Amherst, University of Massachusetts Press, 1984, pp. 92-96.

La magnificencia del lenguaje, y su indudable fuerza simbólica, no pueden ocultar, sin embargo, el hecho de que los *town meetings* no fueron solamente la institución descrita por Tocqueville, a la cual estaban reservados todos los poderes esenciales de decisión.[6] Se habían convertido paulatinamente también en instrumentos para la organización del consenso en situaciones que no permitían una imposición formal de las decisiones relevantes para la comunidad.[7] Y a la pregunta sobre cuál sería entonces la verdadera naturaleza de los *town meetings* se debe responder: "¿Lugar de decisión? Puede ser. ¿Lugar de manipulación? Ciertamente".[8] El espacio público no cambia formalmente, en tanto cambian las formas políticas que en él se expresan y los ritos que en él se celebran. Por lo tanto no es suficiente replantear las palabras que nos remiten a dichos espacios (*ágora*, *town meeting*) para identificar un modelo político unívoco, sintetizado en la fórmula de la democracia directa. Tales palabras nos remiten a experiencias múltiples: y hoy la ilusión de volver a tomar posesión de un espacio político único se corresponde con la ilusión de determinar un único espacio urbano.

Pero el retorno a un pasado lejano y perdido, o a algo que nunca fue realmente alcanzado, no es solamente una paradoja que ahora debería ser resuelta por la más nueva de las tecnologías. El redescubrimiento o la reconstruc-

---

[6] A. de Tocqueville, *De la Démocratie en Amérique* (1835), I, Primera parte, cap. V ("Assemblée générale des habitants de la commune [town meeting]").

[7] Véase J. F. Sly, *Town Government in Massachusetts* (1620-1930), Cambridge (Mass.) Harvard University Press, 1930, y M. Zuckerman, *Peaceable Kingdoms: New England Towns in the Eighteenth Century*, Nueva York, A. A. Knopf, 1970.

[8] D. Nimmo, *The Electronic Town Hall*, cit., p. 213.

ción de los viejos espacios, y de una forma de la ciudad que la modernidad había eliminado, han sido concretamente confiados, por ejemplo, a la difusión del "teletrabajo". En este caso, efectivamente, puede caducar la separación entre el lugar en que se vive y el lugar en que se trabaja, entre casa "particular" y oficina. Una separación que marcó profundamente el desarrollo de la ciudad, la distinción entre sus diversas funciones y, conjuntamente, la relación del ciudadano (el burgués moderno) con el espacio: con el espacio físico, donde la propiedad exclusiva y "solitaria" lo separa y lo contrapone a todos los demás, y con el espacio interior, donde la forma urbana le permite también la apropiación de una esfera privada de la cual toda otra persona debe quedar excluida.[9] Y esta progresiva reunificación de vivienda y lugar de trabajo, esta "fusión de situaciones físicas para adecuarse a la fusión de sistemas de información social",[10] nos lleva a confiar en la perspectiva de espacios urbanos que ya no estén desiertos por la noche, cuando la fuga de la multitud de empleados deja a barrios enteros silenciosos y oscuros y de calles liberadas de la avalancha de los automóviles de quienes van y quienes regresan del trabajo. Se retomaría así la construcción de la lógica de la vecindad, por obra de quienes —ya no más prisioneros de los horarios obligados de desplazamiento por motivos de trabajo— reconquistan el tiempo para bajar a la calle y restablecer los lazos humanos y sociales con quienes viven en su entorno. En defini-

---

[9] S. Rodotà, *Tecnologie e diritti*, Bolonia, Il Mulino, 1995, p. 23. Otras observaciones pueden encontrarse en el ensayo, por lo demás criticable, de R. Chatterjee, "Riflessioni linguistiche sul personale e sul politico", en *Parole chiave*, 5, 1994, pp. 80-81.

[10] J. Meyrowitz, *Oltre il senso del luogo*, cit., p. 308.

tiva, es tal perspectiva la que expresa la esperanza de una ciudad más vivible, más amiga y menos contaminada.

Pero de ese modo cambian incluso la idea y la percepción de la vivienda, como espacio separado y destinado a producir intimidad.[11] Se modifica su misma estructura, que nuevamente debe prever espacios destinados a un trabajo que vuelve a ser omnipresente y caracteriza a la casa particular no más como un refugio, como la fortaleza ("a man's home is his castle" [la casa de un hombre es su castillo]) donde se construye y se defiende una privacidad entendida como derecho a ser dejado solo,[12] sino como uno de los tantos lugares de producción, y como el lugar donde se transfieren algunas funciones del mercado, como está sucediendo con el desarrollo de las "telecompras". La ciudad vuelve a invadir la vivienda.

2. *El fin del territorio jacobino*

Sobre estos retornos se cierne el sentido del "más allá". En el mismo momento en que tales tecnologías parecen restituir al espacio urbano algunas características del pasado, en la realidad lo sobrepasan o lo disuelven. Aparecen otras aproximaciones, otras metáforas. Se recorren las "autopistas electrónicas", se "navega" en Internet. ¿Cómo, empero? ¿Circular a lo largo de las autopistas, navegar, son modos de ir de un lugar a otro, de llegar siempre y de todas maneras a una ciudad que permanece como inelimimable punto de referencia, o la lógica es la de una sociedad de vagabundos, de nómades, por lo tanto lo opuesto

---

[11] L. Munford, *La cultura delle città*,* Milán, Comunità, 1953, p. 29.
[12] S. Rodotà, *Tecnologie e diritti*, cit., pp. 21-23, 101-108.

al modelo estable que se había venido organizando a partir de la aldea, arribando precisamente a la ciudad? ¿O más bien entrevemos la expansión de formas y ejemplos ya conocidos: una Los Ángeles de las "autopistas electrónicas", una Venecia de los quinientos canales que todos pueden recorrer?

Lejano y cercano se suman y se confunden: la palabra que describe este fenómeno es "deslocalización", se va "más allá del sentido del lugar".[13] ¿Dónde está la ciudad, entonces? ¿Qué nos queda de ella? ¿Hemos entrado ya en la *post-city age*? [era de la posciudad].[14]

No existe el pasado que vuelve, ni un futuro que pueda restituirnos sus aspectos más agradables, acaso solamente imaginados. Diversas ciudades se superponen, destinadas a convivir y entrar en conflicto. La ciudad que era familiar para nosotros parece revitalizarse cuando las redes cívicas la vuelven más conocida y accesible en las mil facetas que antes resultaban incognoscibles e inalcanzables para sus propios habitantes. Pero, al reflejarse en su doble electrónico, la ciudad *física* se muestra prisionera de la ciudad *virtual*. Y, como siempre ocurre, el adjetivo supera al sustantivo. ¿Qué es lo que más vale, lo virtual o la ciudad? ¿Qué le ocurre a la ciudad en el ciberespacio?[15]

La virtualidad construye, y muchas veces exige, sus lugares físicos. No me refiero a los espacios privados que cada uno necesita para colocar sus prótesis, las máquinas

---

13 J. Meyrowitz, *Oltre il senso del luogo*, cit.

14 No pude controlar directamente la referencia a esta expresión, utilizada en 1968 por el economista norteamericano Melvin Webber, que encontré citada en F. Choay, "Le règne de l'urbain et la mort de la ville", en Íd., *La Ville, art et architecture en Europe. 1870-1993*, París, Éd. Centre Pompidou, 1993, p. 35.

15 H. Rheingold, *Comunità virtuali*, cit., en particular pp. 307-315.

que lo convierten en ciudadano del espacio virtual. Pienso en los espacios públicos, institucionales o no, donde las nuevas tecnologías se transforman en instrumento de sociabilidad, de alfabetización. Surgen los *electronic cafés* [cibercafés], donde se instituye un doble sentido de la vecindad, entre los frecuentadores que se instalan físicamente y con los infinitos otros que pueden conectarse con ellos. Renace con ello la posibilidad de un diálogo que la ciudad moderna había roto, a medida que se empobrecía en la lógica de miles de contenedores separados el uno del otro. Y el uso mismo de la tecnología, al menos por algún momento, parece escapar al destino de ser instrumento de construcción de vínculos exclusivamente abstractos y, por lo tanto, según un habitual punto de vista, de separación entre personas. Lo mismo ocurre cuando se crean espacios públicos colectivos, lugares equipados adonde pueden allegarse los ciudadanos que, al no disponer de su propia computadora o careciendo de los conocimientos necesarios, desean acceder a determinados servicios o ingresar en las redes, y, de tal modo, aprovechan una oportunidad de alfabetización y de socialización.

El conjunto de los instrumentos electrónicos, sin embargo, no se limita a organizar un espacio ya definido: la ciudad, el lugar de trabajo. Redefine el propio espacio urbano en el sentido de que se presenta como un modo (¿*el* modo?) de organización global del territorio. En esta dirección se mueve la imagen de las "autopistas electrónicas", que por casualidad nacen con una referencia precisa: el programa de autopistas de la administración Eisenhower que cambió la cara de los Estados Unidos.[16] Todo esto se

---

[16] Pero más en general, sobre los efectos de la construcción del sistema vial interestatal antes del programa de autopistas, véase P. Patton,

vincula a la idea de desplazamiento, de abandono del lugar natal, de movilidad: sólo que la nueva movilidad electrónica se presenta también como el instrumento que elimina la necesidad de la movilidad física. ¿Cuántas investigaciones se realizaron sobre la reducción de la necesidad de desplazarse que habría determinado la combinación de instrumentos tales como la teleconferencia, el fax y el correo electrónico? Investigaciones precisas, que procuraban prever la reducción del tráfico en las líneas aéreas y ferroviarias más utilizadas por los ejecutivos que podían valerse ahora de las teleconferencias. De este modo, también eran redefinidos la ubicación y el lugar de cada uno en el territorio.

¿Pero es todavía posible hablar de territorio? Y si tal es el caso, ¿de cuál territorio? Hace ya años que fue anunciado el "fin del territorio jacobino"[17] y ahora, de manera más perentoria y definitiva, se decreta el "fin de los territorios", pero se añade: "el fin de los territorios no decreta la abolición de los espacios; por el contrario, con la mundialización, ellos siguen siendo revalorizados en su diversidad y articulación".[18] Nuevamente se entrelazan las redefiniciones del orden físico y del político.

Open Road, Nueva York, Simon & Schuster, 1986, donde entre otras cosas se observa que, "while promising to bring us closer, highways in fact cater to our sense of separateness" [mientras que prometen acercarnos cada vez más, en realidad las autopistas alimentan nuestra tendencia a separarnos] (p. 20). Sobre la "community along the highway" [poblaciones aledañas a las autopistas], véase S. G. Jones, "Understanding Community in the Information Age", en Íd. (comp.), *Cybersociety. Computer-mediated Communication and Community*,* Thousand Oaks-Londres-Nueva Delhi, Sage, 1995, pp. 20-24.

[17] J.-P. Balligand y D. Maquart, *La fin du territoire jacobin*, cit. Sobre la relación entre "situaciones de lugar" y poder, véase J. Meyrowitz, *Oltre il senso del luogo*, cit., pp. 286-292.

[18] B. Badie, *La fin des territoires*, París, Fayard, p. 253. A los proble-

El sobrepasamiento de las fronteras había comenzado de hecho antes de que las redes telemáticas determinasen la imposibilidad de mantener estables los criterios consolidados de división. Los fenómenos sintetizados con el término "mundialización" correspondían en primer término a la economía, y, precisamente en esa dirección, permitían vislumbrar de inmediato la imposibilidad de mantener estable la antigua relación entre territorio y poder, que constituía la raíz del concepto mismo de soberanía. Ningún poder ligado a la idea de territorio se halla en condiciones de controlar los flujos financieros, la organización multinacional de las empresas o la contaminación de la atmósfera, de los ríos y de los mares. Y así caduca la posibilidad misma de imaginar un territorio delimitado en su espacio físico y en sus habitantes, gobernado por un centro único y administrado desde él con continuidad y criterios uniformes: el territorio "jacobino", precisamente.

A este imposible modo de gobernar se le contraponen hipótesis basadas precisamente en la desaparición y la irrecuperabilidad del centro, en cuyo lugar ya se comienza a distinguir una multiplicidad de redes formales e informales que rodean al planeta (desde las organizaciones no gubernamentales hasta las que siguen uniendo a los integrantes de las miles de diásporas que se asocian con una emigración de escala ya mundial),[19] y que se ciñen a los diversos "territorios" (de la economía, de la empresa, de la ecología) que no coinciden ya con ningún territorio político. Y de es-

---

mas generales de la mundialización fue dedicado un número especial de la *Revue Tiers-Monde*, núm. 138, abril-junio de 1994, con el título "Tecnologie de la communication et d'information au Sud: la mondialisation forcée".

[19] B. Badie, *La fin des territoires*, cit., pp. 228-239.

tas variadísimas redes pueden surgir nuevas formas de gestión y de control. El uso mismo del término "red" vuelve a unir varios mundos, pero no puede inducirnos a atribuir la misma naturaleza a fenómenos que se refieren a nociones de territorio muy diversas: anclada, una, al espacio geográfico, aun cuando éste se muestre ensanchado respecto de las particiones y reglas tradicionales;[20] basada, la otra, en elementos que la misma comunicación en red contribuye a determinar. Está en la naturaleza misma de los procesos comunicativos el producir su propio objeto.

Como otras nociones de las que nos servimos habitualmente, también el territorio se presenta así como una construcción social, mejor dicho, como un producto de las redes de telecomunicación.[21] Por lo tanto carecen de algunos atributos del territorio tradicional, en primer lugar los directamente derivados de la distancia y del desplazamiento físico. Partiendo desde este punto de vista, se puede afirmar que en el territorio electrónico los intercambios están "desterritorializados", y que las relaciones se convierten en instantáneas en un espacio ya sin distancia y sin tiempo, originándose asimismo un efecto de "desincronización". Al menos en sus aspectos fundamentales todos pueden entrar en relación con todos sin sufrir más la tiranía de la distancia y del tiempo. Y esto sucede también porque "l'ancienne notion géometrique de surface, de superficie est remplacée par la notion nouvelle d'inter-

---

[20] Para una visión más general, véase E. Soja, *Postmodern Geographies: the Reassertion of Space in Critical Social Theory*, Londres, Verso, 1989.
[21] Véase M.-C. Cassé, "Réseaux de télécommunication et production de territoire", en *Sciences de la société*, núm. 35, mayo de 1995, pp. 61-80. Para una lectura más general, véase C. Raffestin, *Pour une géographie du pouvoir*, París, Librairies Techniques,1980.

face" [la antigua noción geométrica de área, de superficie, fue suplantada por la nueva noción de interfaz].[22]

3. Otra ciudad

¿Pero cuál es la ciudad producida por las tecnologías de la comunicación? Conocemos algunas hipótesis: una ciudad en la que disminuyen los grandes desplazamientos y se fortalece la posibilidad de relaciones y de lazos sociales más directos; una ciudad en la cual se diluye la contraposición entre centro y periferia; una ciudad que se convierte ella misma en un barrio de la "ciudad mundo", [23] con una transferencia de valores de la dimensión local a una perspectiva común y más general, que ya indujo –en el marco europeo– a plantear la reducción de las propias constituciones nacionales a simples documentos regionales; una *informational city* [ciudad informacional],[24] en la que el flujo masivo y continuo de informaciones conduce al surgimiento de "ciudades globales". Sin embargo, también tenemos conocimiento de las objeciones que nos hablan de los procesos de progresivo aislamiento determinados precisamente por dichas tecnologías, que al favorecer la comunicación entre sujetos distantes y la inserción en comunidades virtuales (o *computer-mediated*

---

[22] M.-C. Cassé, "Réseaux de télécommunication", cit. p. 65.
[23] P. Virilio, entrevista, en *Télérama*, octubre de 1993.
[24] M. Castells, *The Informational City: Information Technology, Economic Restructuring and the Urban Regional Process*, Oxford, Blackwell, 1989. Para una revisión de la cuestión, véase F. Webster, *Theories of the Information Society*, Londres-Nueva York, Routledge, 1995, pp. 193-214. Véase también T. A. Tarik, *Telecity. Information Technology and Its Impact on City Form*, Nueva York, Praeger, 1991.

communities),[25] llevan a cada uno a buscar solamente a aquellos con los cuales se sienten inmediatamente afines, renunciando así a la variedad en las relaciones, con un significativo empobrecimiento social y cultural. Cambia de tal modo el fundamento de las comunidades: "éstas se convertirán en comunidades basadas no sobre un asentamiento común, sino sobre un *interés común*".[26] Y se asiste al desplazamiento de la búsqueda del contacto social como valor en sí hacia la búsqueda del contacto "más eficiente".[27]

En esta perspectiva, la lógica de la confrontación y del enriquecimiento mutuo corre el riesgo de ser sustituida por la del conflicto. Reasegurado en su propia identidad y fortalecido por el vínculo esencialmente utilitario, que ya ha establecido con sus semejantes, el habitante de la ciudad virtual puede ser llevado a preferir la contraposición en lugar de la comunicación, a sentir cada vez más las razones de la comunidad de pertenencia en lugar del reconocimiento del otro, con la consiguiente evolución de la "informational city" como lugar que produce desigualdades y privilegia las formas de control social.[28]

Naturalmente, esto no es cierto para cualquier tipo de red: por ejemplo, los usuarios de la red comercial "Pro-

---

[25] Véanse al menos las observaciones en S. G. Jones, *Cybersociety*, cit., y D. Bollier y C. M. Firestone, *The Future of Community and Personal Identity in the Coming Electronic Cultures*, Washington D. C., The Aspen Institute, 1995.

[26] Es una indicación que ya se puede encontrar en J. C. R. Lickider y R. W. Taylor, "The Computer as a Communication Device", en *Science & Technology*, 1968, p. 30.

[27] Véase J. W. Chesebro y D. G. Bonsall, *Computer-mediated Communication*, Tuscaloosa, University of Alabama Press, 1989, p. 221.

[28] M. Castells, *The Informational City*..., cit.

digy" se comportan más bien como consumidores separados y atomizados, sin sentirse parte de una "comunidad de apoyo mutuo", como ocurre en cambio para los miembros de la comunidad electrónica californiana "The Well", en la cual otros intereses ocupan el lugar de los relacionados con el consumo.[29]

Pero los nuevos guetos virtuales, si se observa con atención, ¿no reproducen acaso un esquema que precisamente había ya tenido en la ciudad su manifestación, con los barrios que progresivamente rechazaban la convivencia entre diversos y se presentaban como lugares donde los iguales (por raza, ingresos, religión, profesión) tendían a recluirse o eran recluidos, con el inmediato y visible efecto de contraposición y de posible conflicto toda vez que se incursionase sin motivos admitidos en territorio ajeno? ¿Se exacerba en la ciudad telemática la estructura por funciones que caracteriza precisamente a la ciudad moderna? Y, de todos modos, ¿no será preferible el gueto virtual a los guetos físicamente delimitados, ya que al menos la frontera invisible que lo separa de los otros será siempre superable en tanto se lo quiera, sin infringir prohibiciones sociales o correr riesgos físicos que puedan asociarse al circular por el espacio físico urbano? ¿Será posible, al fin de cuentas, determinar la dimensión territorial preferible "en laissant de coté les mythes nostalgiques (le

---

[29] A propósito de esto último se observa que "one reason of such loyalty and commitment [...] is the geographic proximity of the most of the members of the virtual community. They interact with each other not just electronically but also face-to-face" [una razón de tal lealtad y comportamiento [..] es la proximidad geográfica de la mayoría de los miembros de la comunidad virtual. Ellos interactúan entre sí, no sólo electrónicamente, sino también cara a cara] D. Bollier y C. M. Firestone, *The Future of Community*, cit., p. 4; véase también pp. 9-11.

village) et répulsifs (le ghetto)"? [dejando de lado los mitos nostálgicos (el terruño) y los repulsivos (el gueto)].[30]

Estos interrogantes nos remiten al modo en el que las tecnologías de la comunicación ya están reestructurando los espacios sociales que caracterizan variadamente a la ciudad. Ya están vacías, salvo ocasiones cada vez más infrecuentes, las plazas, donde otrora se celebraban en público los ritos de la política, que se desplazan ahora hacia otras "plazas", televisivas, electrónicas o telemáticas. Corresponde a la tecnología industrial, y se presenta más bien como espacio a "recuperar" para otras funciones, la gran fábrica, que desempeñó un papel fundamental de socialización como "universidad de la clase obrera", en cuyo lugar no ubicamos tanto (o todavía) al teletrabajo, si no más bien a la fábrica "extendida en el territorio" gracias precisamente a las nuevas tecnologías. Y las distintas formas de televisión tarifada nos anuncian la desaparición de la multitud en los estadios, desde el momento en que será posible presenciar desde el propio hogar cualquier acontecimiento deportivo con costos financieros y físicos acentuadamente inferiores respecto de los que impone la obligación de trasladarse allí donde el acontecimiento se desarrolla. ¿Será celebrado el rito del partido de fútbol en estadios vacíos, con los oficiantes definitivamente separados de los fieles?

---

[30] P. Chambat, "Les services publics", en P. Musso (comp.), *Communiquer demain. Nouvelles Technologies de l'information et de la communication*, La Tour d'Aigues, Datar-Éd. Aube, 1994, p. 226.

4. Espacio y servicios

¿Perderá así sentido vivir en una ciudad considerada como lugar único de oportunidades y servicios? Profecías como ésta, en el momento en que se trata de observar los fenómenos con la mirada dirigida a todo el mundo, parecen contradecirse de inmediato con la integración regional de grandes sistemas urbanos y, sobre todo, por el crecimiento de las megalópolis del tercer mundo. Pero estas alternativas no eliminan el dato, también real, del cambio que ya están experimentando algunas ciudades, algunas tipologías urbanas situadas casi exclusivamente en Europa y en América del Norte.[31]

Si observamos la "ciudad de los servicios", nos topamos de inmediato con una paradoja. Precisamente por ser tal su naturaleza, la ciudad se presenta como lugar "predispuesto" para una aplicación rápida y en gran escala del conjunto de las tecnologías de la comunicación.[32] Al mismo tiempo, la posibilidad de acceder a distintos servicios, independientemente de la localización, determina un cambio radical de la relación entre usuario y servicio, en el espacio en el cual ambos se encuentran ubicados. Des-

---

[31] Para intentar dar cuenta de estos fenómenos, se contrapuso la nueva dimensión urbana –compuesta por regiones, distritos, comunidades– a las tradicionales denominaciones, destinadas a desaparecer, del municipio, de la aldea, de la ciudad; véase al respecto F. Choay, *Le règne de l'urbain*, cit., p. 35.

[32] Véase S. Aragona, *La città virtuale. Trasformazioni urbane e nuove tecnologie dell'informazione*, Reggio Calabria, Gangemi, 1993. Con todo, las características específicas de los servicios exigen una ciudad "inteligente", también con incidencia sobre las tipologías edilicias; algunas indicaciones al respecto pueden verse en P. Bonora (comp.), *La città: dallo spazio storico allo spazio telematico*, Turín, SEAT, 1991, en particular pp. 172-186, 250-251.

de el momento en que se cuenta con la "ciudad a domicilio", desaparece la exigencia misma de la ciudad.³³

El servicio, efectivamente, puede ser provisto por un centro alejado de la ciudad interesada, allí donde las condiciones técnicas y económicas aconsejen concentrar los datos necesarios. Por ejemplo, los registros civiles, depósito de la memoria ciudadana, podrían ser confiados a la gestión de una estructura que tenga su sede en un lugar distinto de aquel al cual están referidos. Lo único que debe ser garantizado es el acceso al servicio, del registro civil o cualquier otro, por parte de los interesados. Y son precisamente las tecnologías de la comunicación las que lo facilitan, cuando los ciudadanos pueden utilizar el servicio reduciendo al mínimo los traslados, liberándose de la tiranía burocrática de los lugares y de los tiempos, de los horarios de las ventanillas y de la espera en colas.

Así como se convierte en indiferente el lugar desde el cual es provisto el servicio, lo mismo sucede con la ubicación del usuario, que se conectará con el prestador de los servicios desde el lugar que prefiera, que puede también ser distinto de la ciudad en la que formalmente reside. Para uno y otro, por lo tanto, puede desaparecer la condición "ciudad", en cuyo lugar nuevamente divisamos una

---

³³ Sobre los cambios de la vivienda ligados a la "domótica", véanse las observaciones de P. Chambat, "Technologies à domicile", en *Esprit*, noviembre de 1992, pp. 99-112, que destaca en particular que "la domotique s'est nourrie de la crise de la ville, de l'echec de l'urbanisme à ressouder un tissus urbain fragmenté, à refaire la ville à coups de rues pietonnes, d'agoras et de monuments-signes" [la domótica se nutre de la crisis de la ciudad, del fracaso del urbanismo para resolver un tejido urbano fragmentado, para reedificar la ciudad a fuerza de calles peatonales, de ágoras y de monumentos emblemáticos] (p. 109), donde se transparenta, sin embargo, una subestimación de la fuerza estructurante autónoma de las tecnologías.

red que posibilita una multiplicidad de conexiones ya deslocalizadas, que no requieren más un asentamiento territorial común.

Hay cierta precipitación en atenerse a estas señales —y los casos concretos que las justifican— para predecir el fin de las contraposiciones tradicionales entre centro y periferia, entre ciudad y campo, a partir de que la ubicación territorial no es ya relevante para el acceso a un servicio. Sin embargo, al idilio del ejecutivo que dirige todo desde su residencia distante, se contrapone la dificultad de los ciudadanos para administrar servicios basados cada vez más en procedimientos abstractos; tanto es así que asistimos a una revalorización de la otrora denigrada figura del empleado de ventanilla, con el cual seguramente se disputará, pero con quien, a pesar de todo, puede concretarse una relación entre personas y una mediación confortante para el usuario.[34]

Al analizar estos problemas, de todos modos se debe considerar no tan solo la "desaparición" de la ubicación territorial del servicio, sino también su distinta organización. Ello es aun más cierto cuando el servicio no se resuelve en la información, si bien requiere una etapa ligada a la gestión de informaciones: es el caso, por ejemplo, de

---

[34] A. Giddens, *Le conseguenze della modernità. Fiducia e rischio, sicurezza e pericolo,** Bolonia, Il Mulino, 1994, p. 116, observa que "la confianza en los sistemas abstractos es la condición para el distanciamiento espaciotemporal de las amplias áreas de seguridad de la vida cotidiana que las instituciones modernas ofrecen en relación con el mundo tradicional. Las rutinas integradas con los sistemas abstractos son fundamentales para la seguridad ontológica en las condiciones de la modernidad. Y, sin embargo, esta situación crea también nuevas formas de vulnerabilidad psicológica y la confianza en los sistemas abstractos no ofrece la misma gratificación psicológica que la confianza entre personas".

la salud, para la cual existe seguramente un momento preliminar en que el interesado tiene necesidad de acceder a algunos datos básicos (identificación del lugar donde pueden realizarse análisis, diagnósticos o tratamientos; verificación de la disponibilidad de camas en el hospital) o de iniciar los procedimientos necesarios (citas para análisis y consultas y reservas para internaciones en instituciones hospitalarias) y que, por lo tanto, puede ser todavía tramitado a distancia. Pero llega luego el momento en el cual el diagnóstico y el tratamiento requieren el traslado físico así como lugares donde se desarrollen tales actividades, para las cuales no es imaginable ninguna sustitución global por intermedio de los servicios de telemedicina. Nos enfrentamos a los así llamados *site-based material processes*, para los cuales la localización física sigue siendo esencial.

En este punto pude decirse que el entrelazamiento entre la desmaterialización de algunos servicios, o de algunos de sus momentos, y la permanencia de una conexión ineliminable con el territorio, entendido en la forma tradicional, impone la reestructuración cada vez más marcada de toda la red de servicios, con consecuencias evidentes sobre la organización y sobre la idea misma de ciudad, al mismo tiempo que sobre el papel de los ciudadanos. Estos últimos están llamados de hecho a desarrollar directamente una serie de funciones, para las cuales, como ya se dijo, puede ser necesario predisponer nuevas formas de mediación o, por lo menos, una alfabetización adecuada. Ciudad y ciudadanos cambian conjuntamente.

Con todo, si se consideran sintéticamente los problemas que surgen cuando se extiende la noción de servicio hasta abarcar los servicios culturales y sociales, se puede observar que disminuye la necesidad de la ciudad como el único lugar que puede ofrecerlos, y, por lo tanto, lugar obligado para todo el quiera gozar de ellos, desde el momento en que es posible el acceso a distancia a bibliotecas, espectáculos, etc. Sin embargo, al mismo tiempo las posibilidades de gozar de las ventajas de una oferta cada vez mayor de servicios a domicilio puede estimular la necesidad de ocasiones en las cuales sea posible su fruición directa, colectiva y no solitaria. De tal exigencia no se desprende, sin embargo, que sean revalorizadas las funciones ciudadanas tradicionales. Lo que ciertamente resurge es la necesidad del desplazamiento físico, como lo demuestran las diversas migraciones que acompañan a conciertos, grandes muestras y acontecimientos similares, para los cuales ya se proyectan y construyen lugares especiales. Para ellos continúa siendo utilizado el término "ciudad" (ciudad de la música y otras denominaciones semejantes), pero en lo concreto materializan la separación de los tradicionales espacios ciudadanos. Esto lo hacen por distintas causas, que van desde la necesidad de garantizar facilidades de acceso y de estacionamiento hasta la nueva organización de conjunto del territorio, que distingue las funciones sin tener más la necesidad de integrarlas en una estructura urbana. En esta progresiva emancipación de la forma de la ciudad, los recorridos de lo real y de lo virtual encuentran significativos momentos de contacto.

5. ¿Una democracia administrativa?

Del entrelazamiento de hipótesis y experimentaciones concretas, sin embargo, fue emergiendo paulatinamente en los últimos tiempos un vínculo directo entre ciudad y redes, hecho evidente por la expresión "redes cívicas". Con ella, por una parte, se quiere concretar una distinción de las redes con finalidades exclusiva o predominantemente comerciales; y, por la otra, establecer precisamente una relación con una realidad territorial, determinando así tanto el área de referencia de la información como los sujetos destinatarios de la operación. De todas maneras, al hablar de redes cívicas se alude a distintas finalidades y formas organizativas. En algunos casos, como ya se mencionó, se pretende impulsar una participación más amplia de los ciudadanos en las decisiones administrativas y en el control de su ejecución, enriqueciendo tanto el papel autónomo de los habitantes de la ciudad como las posibilidades de intercambio entre éstos y sus administradores. En otros casos se busca suministrar a los ciudadanos una fuente de información más rica y, sobre tal base, la posibilidad de abrir discusiones sobre temas de mayor interés. En otros, aun el objetivo consiste más exactamente en asegurar la disponibilidad directa de una serie de servicios. O bien se procura "interconectar la sociedad civil" de los municipios interesados, consintiendo a sus habitantes, por ejemplo, acceder gratuitamente o con tarifas especiales a redes como Internet. De todos modos, lo que se intenta proyectar y realizar es siempre un "espacio público" ligado a una dimensión local redefinida y reestructurada por las mismas tecnologías a las que se recurre. Aunque se trate, evidentemente, de un espacio público concebido de manera diferente a la que era característica del urbanismo, que se refería a espacios diversos de los de la vivienda. Aquí, en cambio, nuevamente no es posible trazar ninguna frontera entre público y privado, dado que el espacio público abarca también a la vivienda.

No es posible considerar analíticamente las diversas hipótesis y finalidades arriba mencionadas. Sin embargo, es interesante recalcar que la ciudad se manifiesta como el lugar donde parece más fácil y menos arriesgado recurrir selectivamente a las distintas tecnologías de la comunicación para experimentar formas de democracia administrativa.[35] Los efectos, esperados aunque no siempre logrados, se relacionan no sólo con la perspectiva tradicional de la transparencia administrativa, del "municipio de cristal", sino con el inicio de una concreta extensión de los poderes hacia el interior de una comunidad. Y la referencia al gobierno local no es preferida solamente porque la escala más reducida hace más fácil la experimentación, sino porque esta dimensión debería restringir, si no eliminar, los riesgos de pasar a una democracia plebiscitaria o de las emociones, muy evidentes cuando las tecnologías de la comunicación son utilizadas en muy grande escala. Ya hemos destacado que contribuir a la decisión sobre el recorrido de una línea tranviaria o sobre la ubicación de un hospital puede ser concretado sobre la base de informaciones que el ciudadano puede elaborar críticamente, gracias a la propia y personal experiencia y a sus intereses más directos, mientras que una decisión referendaria sobre la pena de muerte reflejaría más bien emociones, humores y prejuicios. Se concreta así un vuelco de la perspectiva tradicional que consideraba al referendo como instrumento para las grandes decisiones, priorizando las microdecisiones locales porque son las que, por su proximidad a la vida cotidiana de los votantes, pueden beneficiarse de un patrimonio informativo más cuidadoso, y, al poner en jue-

---

[35] Véase, por ejemplo, J. Lemasurier, "Vers una démocratie administrative. Du refus d'informer au droit d'être informé", en *Revue de droit public et science politique*, 1980, pp. 1239 y ss.; J. N. Danzinger, W. H. Dutton, R. Kling y K. L. Kraemer, *Computers and Politics. High Technology in American Local Governments*, cit.

go intereses directos, instituyen un vínculo entre decisión y responsabilidad.[36]

La ciudad se presenta así, o es presentada, como la dimensión experimental de una nueva democracia posible, como antídoto contra la pesadilla de la sociedad de la plena centralización y del control total. Las redes cívicas encarnan esta esperanza, y parecen suministrar una primera respuesta también a los muchos que, ansiosamente, se preguntan sobre la posibilidad de "recomponer" los territorios, de descubrir una "nueva territorialidad". Al indagar sobre algunas experiencias concretas, quedó en evidencia que, en situaciones de fuerte fragmentación, la red cableada valoriza como único posible interlocutor común, el poder político local. "Face à une *représentation mosaïque* du local, la municipalité et le maire restent la référence, le lien entre les habitants, et *l'interlocuteur principal*" [Ante una representación mosaica de lo local, la municipalidad y el intendente permanecen como una referencia, como un vínculo entre los habitantes y el interlocutor principal], determinando una situación en la cual la información y la comunicación municipal terminan por tener como objetivo "l'adhesion de la population à une organisation hiérarchisée" [la adhesión de la población a una organización jerarquizada].[37] ¿Renace bajo nuevas formas el territorio jacobino? ¿O más bien se confirma la tesis de que la comunicación mediada de la computadora tiende preferentemente a reforzar los modelos de interacción existentes?

---

[36] El interés particular por la dimensión local está documentado en distintas investigaciones; véase al respecto A. Rovinetti, *L'informazione e la città. Nuove strategie di comunicazione istituzionale*, Milán, Angeli, 1992, pp. 39-44.

[37] I. Paillart, *Les territoires de la communication*, Grenoble, Presses Universitaires de Grenoble, 1993, p. 197.

Sin adentrarnos en tal dirección, y para poder llegar rápidamente a la conclusión de que un círculo se cierra, es necesario considerar, sin embargo, otras aplicaciones de la tecnología que rediseñan límites, y que pueden reedificar murallas en torno de las ciudades invisibles. Cuando se proyecta imponer el pago de peajes para ingresar a las ciudades "museo", o a las que padecen una simple congestión del tránsito, se prevén asimismo pases libres electrónicos para los ciudadanos, liberados así de las obligaciones impuestas a los nuevos "extranjeros". De este modo, sin embargo, cada ciudadano será controlado en las barreras electrónicas y se podrá registrar sus entradas y salidas de la ciudad.

El gobierno electrónico de la ciudad, en todas sus dimensiones, replantea así los problemas vinculados precisamente a las formas de control que los administradores locales de las informaciones, municipios o agencias especializadas puedan ejercitar sobre ciudadanos que, en un ámbito en el cual se utilizan ampliamente las tecnologías de la comunicación, dejan una "infinidad de huellas". En esto no sólo se pone en entredicho el modo en el cual se entrecruzan espacio público y esfera privada, determinando los tradicionales problemas de la defensa de la privacidad. Nos enfrentamos al modo en que se redefine la esfera pública de cada uno, que no puede ser enriquecida tan solo con el incremento de la posibilidad de intervenir activamente en los procesos de comunicación, sin acompañarla con un efectivo poder del ciudadano de controlar directamente el uso que se da a las informaciones por él suministradas. La privacidad "cívica", si así queremos llamarla, comporta la libertad pública de cada uno, exige la extensión de un intenso control sobre todos los depositarios del poder informativo y determina un valor que debe ser incorporado a la planificación de las nuevas estructuras, así como la necesidad de intimidad acompañó la lenta transformación de las estructuras de la vivienda moderna.

CAPÍTULO SEXTO

La sociedad de la clasificación

1. Conocer y clasificar

Cuando de la sociedad se pasa a los individuos, de la colectividad a cada uno de sus miembros, las polaridades se hacen inmediatamente más perceptibles, y por ello más marcadas, y por lo tanto más inquietantes. ¿Sociedad de la vigilancia total o de la liberación total? ¿Debemos observar la multiplicación de los sistemas y de las oportunidades de control o la libertad anárquica que se encuentra (o se espera encontrar) en las redes?

Una vez más, los esquemas provenientes de las experiencias y los análisis del pasado están destinados a mostrarse inadecuados frente a las nuevas realidades. Ello no significa solamente la necesidad de evitar la observación exclusiva de los términos extremos de la contraposición y dirigir también la mirada a una infinidad cambiante de situaciones intermedias, frecuentemente más relevantes y reveladoras. Es indispensable distinguir la trama constitutiva de las relaciones que surgen entre las personas, entre los individuos y las organizaciones, y entre las diversas organizaciones. Y preguntarse, antes que nada, cuál es el sujeto que las tecnologías de la comunicación y de la información hacen emerger, y cómo se realiza su "construcción".

Nos volvemos a encontrar aquí con la fuerza estructuradora específica de las tecnologías. Si se consideran, por ejemplo, muchos de los programas con los cuales son manejadas las relaciones entre vendedores y compradores, entre proveedores y usuarios de servicios, entre organizadores y frecuentadores de sitios en Internet, se producen las así llamadas *Transactional data o telecommunications-related personal informations* (TRPI),[1] es decir, informaciones generadas por el hecho mismo de que se haya producido una relación contractual entre determinados sujetos que permite al vendedor o proveedor de servicios obtener automáticamente una serie de informaciones sobre el usuario, que atañen a su identificación, los tiempos y lugares de utilización del servicio, sus elecciones (y, por lo tanto, sus gustos), las modalidades de pago preferidas, etc. Tales datos no sólo pueden ser reproducidos cada vez que el gestor del sistema lo considere oportuno, para fines estadísticos, para planear campañas publicitarias o para trazar perfiles de los usuarios que puedan también ser cedidos a terceros. Se presentan automáticamente todas las veces que el mismo sujeto se pone en contacto con el gestor de una red, con el proveedor de un bien o de un servicio. Cada uno es perseguido implacablemente por su pasado. Se torna cada vez más arduo no dejar huellas, o eliminar las que indican los senderos que hemos recorrido.

El manejo del sistema y la vigilancia de sus usuarios se convierten en una sola cosa, pues el aparato de vigilancia

---

[1] Una útil síntesis de los distintos problemas se encuentra en U. S. Department of Commerce, *Privacy and the NII: Safeguarding Telecommunications-Related Personal Information*, Washington D. C., 1995.

forma parte de la estructura misma del sistema. Los instrumentos de control pierden su naturaleza específica, separada: tienden a apropiarse de todo el sistema y a caracterizarlo. Lo saben bien los trabajadores que, al utilizar una terminal, pueden comprobar cómo es vigilado cada instante de su actividad, independientemente de la existencia de una estructura específica destinada a tal función. Los tiempos y los ritmos del trabajo, las interrupciones, son todos impasible e implacablemente registrados por la máquina, que los pone a disposición de todo aquel que, por esta vía, desee evaluar a los empleados.

Es ciertamente posible la adopción de estrategias dirigidas a contrariar estas lógicas y estas formas organizativas. Puesto que es muy difícil —y en algunos casos del todo incompatible con la tecnología seleccionada— excluir alguna forma de registro de la actividad de los operadores, se recurre, por ejemplo, a prohibiciones de utilizar los datos recopilados por parte de algunos sujetos o a reglas que prohíben su uso para determinadas finalidades. Con mayor frecuencia se trata de excluir la posibilidad de ubicar, a partir de tales datos, una persona determinada. Efectivamente, las informaciones obtenidas pueden convertirse en anónimas, refiriéndolas no a un sujeto determinado sino a un grupo de empleados del que forma parte. Se elimina así la posibilidad de un control directo y se acrecientan las posibilidades de defensa colectiva.

De este modo, sin embargo, se logra asegurar la defensa de la reserva personal, pero no poner en discusión la lógica de la vigilancia, que queda solamente desplazada del individuo al grupo. No es contenida la erosión lenta, pero cada vez más extendida, del área de la privacidad. Las tecnologías de la comunicación y de la información exhiben así una especie de "natural" tendencia a entrar en conflicto con el derecho de construir libremente la propia esfera privada, comprendido como autodeterminación informativa, y como poder de controlar la circulación de las propias informaciones.

Todo esto es presentado como el precio obligado para gozar de las crecientes oportunidades ofrecidas precisamente por la sociedad de la información. En concreto, ello quiere decir que la contrapartida necesaria para obtener un bien o un servicio no se limita más a la suma de dinero requerida, sino que necesariamente se acompaña de una cesión de informaciones. En este intercambio, entonces, no es tan solo el patrimonio de una persona lo que queda implicado. Nos vemos obligados a poner en juego a uno mismo, a la propia persona, con consecuencias que pueden sobrepasar la particular operación económica, y que promueven el surgimiento de una especie de *posesión permanente* de la persona por parte de quien guarda las informaciones sobre la misma.

La novedad es radical. Los riesgos de la sociedad de la vigilancia fueron atribuidos tradicionalmente al uso político en su sentido más amplio de las informaciones para controlar a los ciudadanos, caracterizando así a tales sociedades como autoritarias o dictatoriales. En la perspectiva que venimos delineando, en cambio, la idea de vigilancia penetra cada momento de la vida y se presenta como una característica de las relaciones de mercado, cuya fluidez es relacionada directamente con la posibilidad de disponer con toda libertad de una masa creciente de informaciones. Se materializa así la imagen del "hombre de cristal", el auténtico ciudadano de este nuevo mundo. Una imagen que no por casualidad nos llega directamente de los tiempos del nazismo, y que, de todos modos, nos plantea una forma de organización social profundamente modificada, con una suerte de imparable transformación de la "sociedad de la información" en "sociedad de la vigilancia".[2]

Pero no es solamente éste el punto en el que las nuevas formas de control se alejan profundamente de aquellas que ya son conocidas y han sido indagadas. Efectivamente, en el mundo del consumo y de la lógica de mercado la vigilancia no tiene como objetivo impedir o desalentar determinados comportamientos. Éstos hasta pueden revelar fines absolutamente ajenos o indiferentes para quien reúne sistemáticamente las informaciones: mejor dicho, el interés consiste habitualmente en lograr que los comportamientos de consumo se repitan lo máximo posible. El verdadero objetivo radica en la "clasificación": la sociedad de la vigilancia se caracteriza progresivamente como sociedad de la clasificación.

Cuando se afirma, por ejemplo, que las informaciones son necesarias para las estrategias de empresa, se pone en evidencia la necesidad de conocer las características de los posibles destinatarios de un producto, de identificar el *target* de una campaña publicitaria. Ello implica la incesante producción de perfiles individuales, familiares y de grupo, construidos utilizando y cruzando las informaciones más dispares.

La sociedad se descompone. ¿Con cuáles consecuencias? ¿La adherencia permanente a las necesidades y a los gustos individuales, en una perspectiva que exalta la soberanía del consumidor? ¿O la obligación de reubicarse en

---

[2] Un panorama general, pero afectado algunas veces por el esquematismo, es el que brinda D. Lyon, *L'occhio elettronico. Privacy e filosofia della sorveglianza*, Milán, Feltrinelli, 1996. Sobre las diversas formas asumidas por la privacidad, véase P. M. Regan, *Legislating Privacy. Technology, Social Values and Public Policy*, Chapel Hill-Londres, University of North Carolina Press, 1995.

los parámetros de normalidad estadística, bajo pena de quedar excluidos del mercado o de acceder en condiciones particularmente onerosas? Y, por tanto, ¿se trata de un camino hacia el reconocimiento cada vez más acentuado de las diversidades o hacia la imposición de criterios de conformidad con los perfiles predominantes?

Ya fueron analizadas las consecuencias que la fragmentación puede determinar en la esfera específicamente política. En este terreno, donde la esfera privada se toca con las relaciones de mercado, la clasificación y la segmentación determinan habitualmente una selección de los únicos intereses que son considerados comercialmente significativos, y no la adherencia a cada pliegue de la sociedad. Esto implica la exclusión de todos los intereses que no alcanzan una determinada masa crítica, con efectos que pueden afectar bienes y servicios decisivos para la formación de la personalidad y la participación política, y por lo tanto con el sacrificio de las minorías portadoras de dichos intereses. En consecuencia, la protección de la diversidad resulta efectiva solamente si entra en el círculo mágico de las compatibilidades de mercado, si pertenece a la columna de quienes, de todos modos, son clasificables con los criterios de una "normalidad" que tiende cada vez con mayor frecuencia a coincidir con la conveniencia económica.

Nace así otro problema, en muchos aspectos inédito: la protección de las minorías. Para analizar los modos en los cuales puede ser plenamente constituida la ciudadanía electrónica, no nos podemos detener entonces en el reconocimiento formal del derecho de acceso a las redes o del derecho de saber si alguien recopilará y conservará las informaciones cedidas en el transcurso de una operación económica. El derecho de acceso, efectivamente, puede mostrarse como un arma sin filo si en definitiva no nos permite llegar a los bienes en los cuales estamos efectivamente interesados. Y el conocimiento preventivo de la eventual recopilación de informaciones puede convertirse en la frustrante conciencia de estar fichados sin poder hacer nada para impedirlo.

La plenitud de la esfera pública depende directamente de la libertad con la cual puede ser construida la esfera privada. Por lo tanto es necesario partir de ello para arribar a una visión de la ciudadanía que se adecue a la dimensión ya determinada por los usos de las tecnologías de la información y de la comunicación. Y el primer problema vuelve a ser el de la utilización de las informaciones personales para la construcción de perfiles individuales o de grupo.

Las informaciones utilizadas, efectivamente, son siempre parciales e incompletas, aun cuando se recurra a una multiplicidad de bancos de datos. Por otra parte, sigue controvertida, y por confirmar, la plena validez científica de los modelos empleados para generar nuevas informaciones (perfiles u otras figuras) sobre la base de los datos recopilados. Se llega así a "metaconocimientos" sobre las personas, que los interesados difícilmente podrán verificar y que sin embargo son la base de decisiones que les conciernen.[3] Frente a esta nueva situación, parece insuficiente la garantía ofrecida por algunas legislaciones, que prohíben basar una decisión judicial o administrativa, que implique una evaluación del comportamiento, exclusivamente sobre elaboraciones automáticas de informaciones que suministren un perfil de la personalidad del interesa-

---

[3] Véase, por ejemplo, D. Bourcier, *La décision artificielle. Le droit, la machine et l'humaine*, París, Presses Universitaires de France, 1995, pp. 199 y ss.

do.[4] Efectivamente, los perfiles son utilizados para decisiones que para la generalidad de los ciudadanos son más frecuentes, y a menudo más significativas, que las judiciales o administrativas, y que precisamente son las que atañen al ciudadano consumidor o usuario de servicios (comerciales, bancarios, etc.). Sobre esta preocupación se encuentra un indicio en la ley francesa, que extiende la prohibición también a las decisiones "privadas". Sin embaro, la eficacia de una disposición como ésta está fuertemente restringida por el hecho de que es fácil eludir la prohibición sosteniendo que la decisión no se adopta sobre la base exclusiva del perfil automatizado. Y, sobre todo, que no se trata de decisiones individuales, sino relativas a grupos o categorías (de consumidores, de usuarios, de habitantes de un territorio, de sectores pertenecientes a una determinada franja de ingresos), y que la simple atribución de un sujeto a uno de tales grupos o categorías no puede ser considerada técnicamente como una decisión. Vuelve así el tema general de la sociedad de la clasificación, de sus procedimientos y de sus insidias.

2. La identidad y la vida sobre la pantalla

En una dimensión que se vuelve cada vez más diferenciada y compleja, el requerimiento de privacidad no se manifiesta solamente en su forma tradicional, como derecho de impedir a otros la recopilación y la difusión de informaciones sobre el interesado. En el ámbito de la comu-

---

[4] Lo hacen en este sentido el art. 2 de la ley francesa del 6 de enero de 1978, n. 78-17, y el art. 17 de la ley italiana del 31 de diciembre de 1996, n. 675.

nicación electrónica, ella puede ser expresada, ante todo, como necesidad de anonimato, o, mejor dicho, como exigencia de asumir la identidad preferida, presentándose con un nombre, un sexo y una edad que pueden ser diferentes de las que efectivamente corresponden al sujeto. Se pide así la protección de una nueva identidad, de una intimidad construida, como condición necesaria para desarrollar la propia personalidad, para alcanzar en plenitud la libertad existencial.

El derecho al libre desarrollo de la personalidad no es un descubrimiento de los últimos tiempos. Está solemnemente reconocido en el parágrafo 2 de la Constitución alemana ("cada uno tiene derecho al libre desarrollo de la propia personalidad, siempre que no viole los derechos de los demás, el ordenamiento constitucional o la ley moral"). Y, de manera menos neta, en el art. 2 de la Constitución italiana, donde se afirma que "la República garantiza los derechos inviolables del hombre, sea como individuo, sea en las formaciones sociales donde se desarrolla su personalidad". Nos podemos legítimamente preguntar, entonces, si la elección de redefinir la propia identidad en la red puede ser considerada como un elemento esencial del desarrollo de la personalidad y si las comunidades virtuales pueden ser consideradas como "formaciones sociales".

Se dijo muchas veces que la tecnología pone a cada uno de nosotros en condiciones de encontrar un lugar virtual donde satisfacer los propios intereses. Pero este proceso cada vez más difundido de selección de los intereses conduciría al incremento de la fragmentación social y no al fortalecimiento del sentido de comunidad.[5] Los datos

---

[5] Un interesante análisis es el de S. L. Talbott, *The Future Does Not Compute*, cit., en particular pp. 63-76.

disponibles, de todos modos, muestran con claridad que las comunidades virtuales ya ofrecen también la posibilidad de establecer lazos sociales particularmente intensos, o directamente se presentan como el único modo de ingresar a una formación social para quien, en caso contrario, estaría condenado al aislamiento.

El juicio "cualitativo" sobre los lazos así establecidos no puede fundamentar un juicio de realidad, negando que nos encontramos frente a una formación social. Y la evaluación negativa de tales lazos no puede tampoco llevarnos a la conclusión de que es preferible desalentarlos, precisamente para evitar distorsiones en el proceso formativo de la personalidad. Basadas como están sobre un dato objetivo –la existencia de una entidad social en la cual un sujeto decide situarse–, las garantías constitucionales deben ser extendidas también a estas nuevas realidades, reconociendo la legitimidad de las elecciones de los sujetos que priorizan la presencia en las redes y hacen de ella un momento significativo para la definición total de su identidad.

La construcción de la personalidad, efectivamente, requiere la liberación de los condicionamientos que puedan distorsionar el proceso formativo. En la Tercera República francesa, "la République des instituteurs"[La República de los maestros], la laicidad y la universalidad de la educación eran también sustentadas por una fuerte tendencia igualitaria, que procuraban reducir al mínimo la influencia de los factores externos sobre la formación de la personalidad del futuro *citoyen*. De tal modo, la imposición a todos los estudiantes de un único y sobrio uniforme escolar no tenía la función de marcar la pertenencia a una casta, a un grupo privilegiado o a una corporación, como la expresada por el uniforme escolar del *college* [instituto universitaro] o del *public schools* [colegios privados] ingleses.

Tenía la función opuesta de hacer desaparecer, bajo el mismo guardapolvo, los signos de pertenencia de clase, impiadosamente revelados por la vestimenta personal.

¿Una hipocresía? ¿O más bien el inteligente propósito de liberar al niño de la precoz humillación de la confrontación? El anonimato en el vestir atenuaba, al menos por un lapso, la violencia de las diferencias económicas.

Como el cambiar de vestimenta permitía un vínculo social más equilibrado con los otros estudiantes, así también el cambiar de nombre, sexo, raza y edad en la comunicación en red puede proteger de discriminaciones y condicionamientos, permitiendo precisamente una más libre construcción de la personalidad. Ciertamente, aun tal argumentación puede ser contrariada, destacando que la asunción de una identidad diferente puede ser simplemente dictada por la necesidad, o el empeño, de adherir a los estereotipos predominantes, machistas o racistas. La aceptación social en la red es pagada plegándose a los criterios de normalidad, y por lo tanto sufriendo el más gravoso de los condicionamientos. En el mundo virtual no se encontraría la liberación, sino tan solo una renovada servidumbre. Pero la relación entre identidades reales y virtuales no puede ser reconstruida siguiendo recorridos lineales, y no puede ser correctamente analizada si se parte de una neta escisión, en lugar de hacerlo de las continuadas interacciones entre las dos identidades.

Ciertamente, identidad puede ser una palabra inquietante.[6] Nos recuerda los conflictos que, en nombre de la identidad étnica, se manifiestan con atroz violencia desde África hasta la ex Yugoslavia. Y nos replantea un antiguo

---

[6] Véase, por ejemplo, F. Remotti, *Contro l'identità*, Roma-Bari, Laterza, 1996.

dilema: ¿es la identidad un dato a registrar o una construcción permanente y variable?

A estas preguntas las revoluciones científicas y tecnológicas de este fin de siglo pueden sugerir respuestas divergentes. Si se es prisionero de la "mística del DNA",[7] si nos rendimos ante el neorganicismo y el reduccionismo biológico, se hace fuerte la tentación de considerar la identidad, a través de sus elementos constitutivos más profundos, como un dato inmutable. Si en cambio nos movemos en el mundo de las tecnologías de la información y de la comunicación, si navegamos en Internet, la identidad se confirma realmente como el resultado de una construcción incesante.

¿Cuáles son las formas de esta construcción? En muchas investigaciones[8] se describen recorridos individuales y colectivos que permiten proponer respuestas a un interrogante tan difícil. Sin embargo, mostrar la construcción de una identidad significa actualmente describir al mismo tiempo una mutación. No cambia solamente la referencia esencial, porque en el lugar de la *Real Life* encontremos la *Virtual Life*, que para un número creciente de personas se presenta como la verdaderamente "real". Cambia también el significado de esta referencia objetiva, porque la realidad no se presenta como "externa", sino como el resultado de una operación del sujeto protagonista: "el sí mismo es construido y las reglas de la interacción social son construidas, no recibidas". Se modificó radicalmente el contex-

---

[7] D. Nelkin y M. S. Lindee, *The Dna Mystique. The Gene as a Cultural Icon*, Nueva York, W. H. Freeman, 1995.

[8] S. Turkle, *Life on the Screen. Identity in the Age of the Internet*, Nueva York, Simon & Schuster, 1995. Véase también D. de Kerckove, *La pelle della cultura*, Génova, Costa e Nolan, 1996.

to en el cual muchos construyen momento a momento su identidad: el camino está indicado por la computadora, el horizonte es el de la red. Si ayer se pudo decir que el medio era el mensaje, ¿debemos decir hoy que la identidad es la máquina, que la identidad tiende a transferirse totalmente al aparato tecnológico empleado?

Se anuncia un futuro en el cual la pérdida del estatus en la red puede representar la máxima de las privaciones. "Para él, que había vivido en el corpóreo regocijo del ciberespacio, ésta era la Caída en la Prisión de la Carne."[9] Y en esta proposición es sobre todo significativo el hecho de que la corporeidad realmente relevante se haya transferido y resuelto en su totalidad en la dimensión electrónica, donde se concretaría por fin la liberación de los estrechos y molestos vínculos del cuerpo, convertido ya en puro "cuerpo terminal" de un hombre transformado en "ser interactivo, alternativamente emisor y receptor".[10]

El tema del cuerpo, de sus transformaciones y de su destino, se convierte así en la gran metáfora y el punto crítico de la reconstrucción de la sociedad de la información y de su arribo a la realidad virtual. El rechazo puede ser total:

> Por una parte, el cuerpo debilitado se convierte en una especie de prótesis para la red de los medios masivos; por la otra, el cuerpo electrónico está compuesto por datos de desecho (basura) que luchan para volver a la vida en forma recombinatoria: para aprender con rapidez cómo sobrevivir a los espasmos y a los *crash* de la vida (digital) sobre el camino virtual. Recalar (en la virtualidad) *y* en los datos basura

---

[9] Así describe la condición de uno de sus personajes W. Gibson, *Neuromante*, Milán, Editrice Nord, 1993, p. 55.
[10] P. Virilio, *La vitesse de libération*,* París, Galilée, 1995, p. 23.

(¿voluntariamente?): tal es el destino del cuerpo electrónico en la interminable cuenta regresiva hacia el año 2000.[11]

Todo esto ocurre en un ámbito que permite a cada uno, también gracias al anonimato, asumir identidades diversas, variables e intercambiables. El Yo dividido estalla en la red. Cada uno de nosotros puede ser "uno, ninguno, cien mil". El sí mismo corresponde a las múltiples 'ventanas' que pueden ser abiertas sobre la pantalla: "estas ventanas se han convertido en una poderosa metáfora para pensar el sí mismo como un sistema múltiple, distribuido".[12] La computadora y la red nos llevan así a la extrema consecuencia de la crisis de la identidad que la psicología había ya hecho surgir. Nos enfrentamos al cambio de uno de los más importantes paradigmas interpretativos, no tan solo del sí mismo sino de la organización social en su conjunto. Turkle, en efecto, destaca que las nuevas metáforas de la multiplicidad y de la flexibilidad deben ya aplicarse no sólo a la esfera mental y física del hombre, sino también a los "cuerpos" de las sociedades anónimas, del gobierno y del mundo de los negocios.

La asunción de múltiples identidades no es posible tan solo en la dimensión *diacrónica*, en el transcurso de los distintos momentos de un día, cubriendo diferentes roles, correspondientes a diversas funciones. Ahora las distintas identidades pueden ser asumidas también *sincrónicamente*, manifestarse todas en el mismo instante gracias a la ubicua presencia en distintos lugares de la red. Cualquier barrera de sexo, edad y profesión puede ser sobrepasada. La variabilidad ocupa el lugar de la estabilidad: el sí mismo se

---

[11] A. Kroker y M. Weinstein, *Data Trash*, cit., p. xi.
[12] S. Turkle, *Life on the Screen*, cit., p. 14.

convierte en múltiple, fluido, es construido en una interacción continua con las máquinas. Y esto puede llegar hasta el punto de asumir una identidad ajena: Yo soy el otro. Así, navegando en las redes, cada uno puede encontrar el propio "doble".[13] En todos los sentidos, la identidad se convierte en "nómada".

¿Pero es éste un enriquecimiento de la personalidad, o un modo de ponerla peligrosamente en juego? ¿Y cuáles son las consecuencias de la aceptación de la cultura de la simulación, de esta concreción en el universo de la realidad virtual de las intuiciones de la posmodernidad?

La atención se concentra en el carácter proteico de la identidad, en sus mil caras, que la convierten en algo muy alejado de la "bien redondeada identidad" del filósofo griego Parménides, concebida como una esfera compacta e inexpugnable. ¿Significa esto que debemos renunciar al concepto mismo de identidad, a su fuerte valor cognoscitivo? ¿En la cultura de la simulación la identidad está destinada a presentarse sólo como una ficción?

Para ir más allá de estas preguntas, y conservar un significado para la identidad, se insiste sobre el carácter flexible del sí mismo, sobre el hecho de que puede abarcar dimensiones diferentes y hasta contradictorias y sobre su ubicación *in a transitional space* [en un espacio de transición], típico de la virtualidad. Múltiple y fluida, la identidad asume así un carácter que acarrea consecuencias sociales y políticas de gran importancia. Efectivamente, una identidad continuamente enriquecida y matizada puede ser más difícilmente reintegrada a parámetros de normalidad. Y esto significa que debería ser más difícil, y menos aceptable, la discriminación entre personas basada en cri-

---

[13] Ibíd., p. 16.

terios estandarizados, sobre perfiles automatizados. El descubrimiento de esta distinta dimensión de la identidad, constituida por miles de gradaciones y siempre en movimiento, comporta el reconocimiento pleno del derecho a la unicidad de cada uno, y el consecuente rechazo de formas de estigmatización social vinculadas a una identidad que no presente características conformes a las de una hipotética mayoría. Y es aquí posible la conjunción con los resultados previstos de otra empresa científica, la investigación sobre el genoma humano, que debería llevar precisamente al reconocimiento de una articulación de las diversidades genéticas tan rica como para hacer imposible la formulación de estereotipos racistas o modelos de normalidad.

Pero una identidad sólida funciona también como factor de reconocimiento mutuo entre quienes poseen características identitarias comunes. Si el acento es puesto exclusivamente sobre los elementos distintivos y típicos, entonces se pierde tal posibilidad de reconocimiento y se exalta más bien el momento de la contraposición y hasta del conflicto violento. La identidad se convierte en la medida de la distancia con el otro. Y nace aquí otra pregunta: ¿es posible conciliar alteridad e identidad, solidaridad e identidad?

Volvemos así a las dinámicas propias de la "vida sobre la pantalla". Es bien conocido el riesgo de aislamiento proveniente de una relación exclusiva con la computadora, que limita y excluye otras formas de relación interpersonal o social, recluyendo a la persona en su mundo virtual. Pero la dimensión virtual puede constituir también el punto de partida para el enriquecido retorno a una realidad antes rechazada y para la construcción de comunidades que puedan generar lazos sociales de otro modo imposibles o perdidos. Y, sobre todo, la *virtualidad* debe ser ya considerada como un aspecto de la *realidad*.

Esta realidad más compleja abarca progresivamente toda la organización social. Es necesario tenerlo en cuenta cuando se trazan los nuevos caminos del derecho y de la ciudadanía, para instalar en tal dimensión las aptitudes para la libertad y no las lógicas del control.

3. Reserva y anonimato

La representación de la red como lugar de una infinita libertad posible, y la consecuente demanda de frecuentarla en las formas que cada uno elija con autonomía, pueden determinar conflictos entre intereses, individuales y colectivos. Se podría decir, sintéticamente, que la demanda de una absoluta libertad sobre la red debe hacer las cuentas con las tres P: privacidad, pornografía, propiedad.

El llamamiento a defender la privacidad, efectivamente, no proviene solamente de quien pretende la garantía total de la reserva, incluyendo el anonimato. Con similar intensidad es formulado por todos los que ven su privacidad violada por las conductas de quienes, permaneciendo precisamente en el anonimato, imposibilitan, o dificultan en mucho, la adopción de medidas de contención.

El anonimato, en efecto, "puede ser usado para violar la privacidad ajena".[14] ¿Qué ocurre si un sujeto, que asumió

---

[14] Véase el análisis de L. Detweiler, "Anonymity on the Internet", en *FAQ*, 5 de mayo de 1993; y las consideraciones de A. Branscombe, "Anonymity, Autonomy, and Accountability: Challenges to the First Amendment in Cyberspaces", en *Yale Law Journal*, 104, 1995, en particular pp. 1641-1644.

una identidad diferente de la real, difunde en una red noticias reservadas o difamatorias en perjuicio de otro sujeto? ¿La asunción de una identidad diferente incluye también el derecho a invadir impunemente la esfera privada ajena? ¿Cómo se resuelve el conflicto entre estas contrapuestas invocaciones de la privacidad, ambas atribuibles a la exigencia de construir libremente la propia esfera privada?

Estamos ante un clásico problema de equilibrio de intereses constitucionalmente relevantes, de conmensuración de los derechos. No es concebible que cualquiera pueda ser obligado a asistir pasivamente a la divulgación de informaciones que revelen aspectos íntimos, dibujen una falsa imagen o puedan comportar daños. Hasta ayer este conjunto de intereses, sintéticamente incluidos en el ámbito de la privacidad, podía entrar en conflicto con el derecho a la libre expresión del pensamiento o con el derecho de crónica. Hoy se perfila otro tipo de conflicto, ubicado totalmente en el área de la privacidad, entre interés en el anonimato e interés en conocer la identidad de quien, presentándose en forma anónima o con identidades diferentes de la oficial, observa conductas perjudiciales para la reserva del prójimo. Se juega una partida más compleja entre la *privacidad activa* y la *pasiva*.

El problema de la defensa de la privacidad se ubica así en una dimensión en la cual son precisamente las tecnologías de la información y de la comunicación las que plantean cuestiones irreductibles a los esquemas interpretativos y a los instrumentos de garantía ya conocidos. Y, frente a estas cuestiones del anonimato o de los *transactional data* [datos en circulación], se replantea periódicamente una imagen totalmente autorreferencial de las tecnologías, como susceptibles de curar las heridas que ellas mismas infligieron.

Se trata de una ilusión que ya cobró víctimas ilustres, como Paul Baran, que, en 1965, escribía: "No esperemos que el aporte de los juristas pueda reemplazar a una buena planificación técnica. Aunque no se quisiera tener en cuenta el retraso social de los procedimientos legislativos y judiciales, los problemas específicos de esta materia se sitúan en una dimensión que escapa completamente a aquellos".[15] Si la premisa es correcta, la hipótesis consiguiente fue completamente desmentida por los hechos, pues, a pesar de los innegables retrasos legislativos, la necesidad de regulación originó precisamente un cuerpo muy consistente de normas. Y, lo que es mucho más importante, favoreció el desarrollo de una serie de principios que, como los relativos al derecho de acceso y a la directa relación entre los fines declarados y la recopilación de los datos, se han extendido mucho más allá de su ámbito de origen.

En tiempos más recientes, el desarrollo de las *Privacy Enhancing Technologies* (PET), entendidas como planeamiento de los sistemas dirigidos precisamente a la creación de condiciones técnicas idóneas para la protección de la privacidad, mostraron cómo la dimensión técnica puede ser concebida de modo que facilite tal amparo. Se acentúan así las responsabilidades de todos aquéllos que administren recopilaciones de informaciones personales, que ya no pueden atrincherarse detrás de una especie de vocación "natural" de las tecnologías por generar riesgos para la esfera privada. Se pueden predisponer, por ejemplo, programas dirigidos a eliminar algunas de las 'huellas' que son dejadas en el curso de transacciones comerciales o que prevean la cancelación automática de las informaciones per-

---

[15] P. Baran, *Communication, Computer and the People*, Santa Monica (Cal.), Rand Corporation, 1965, p. 14.

sonales recopiladas después de un cierto período o después de que haya sido alcanzado un determinado objetivo.

En una versión anticipadora, y extremada, de las *Privacy Enhancing Technologies*, se sostuvo que el terminal *inteligente* encierra en sí mismo tal potencialidad, de la que carecía un terminal *estúpido*, como el teléfono, por ello más peligroso.[16] De tal modo, sin embargo, se consideran solamente las mayores posibilidades ofrecidas al que utiliza un terminal en lugar del teléfono, por ejemplo en lo que se refiere a la selección del material que ingresa. Pero se desechan totalmente las enormes posibilidades ofrecidas a quien persigue objetivos de clasificación y de control social. De todas maneras, el acento puesto sobre las *Privacy Enhancing Technologies* hizo renacer las tendencias hacia una solución de los problemas de la privacidad totalmente interna a las tecnologías utilizadas. Y nuevamente fueron rechazadas como "paternalistas" las propuestas de contar con normas más específicas que las hasta ahora vigentes para garantizar la privacidad de los ciudadanos, sobre todo frente las formas cada vez más sofisticadas de recopilación de los datos.

Pero la contraposición entre autosuficiencia tecnológica y paternalismo legislativo conduce solamente a distorsiones y malentendidos. Una relación correcta entre dimensión técnica y dimensión socio-legislativa puede ser únicamente establecida si las *Privacy Enhancing Technologies* son concebidas como un prerrequisito para la posterior evaluación política de las cuestiones, y por lo tanto para eventuales intervenciones legislativas. Deben ser consideradas como elementos de una estrategia más amplia, en la

---

[16] Esta posición de G. Gilder es discutida de manera eficaz por S. L. Talbott, *The Future Does Not Compute*, cit., pp. 73-74.

cual la innovación tecnológica hace posible la innovación social.[17]

En realidad, la reflexión sobre estas tecnologías atañe con la mayor amplitud al modo en el cual es proyectada y concretada la estructura informativa en su conjunto. Ésta, hasta ahora, no había incorporado nunca la dimensión de la ciudadanía, y por lo tanto era concebida sobre todo como instrumento para la recopilación y el tratamiento de la mayor cantidad posible de informaciones. Ahora nos enfrentamos de nuevo a una alternativa apremiante: "¿En la era digital los individuos perderán definitivamente el control sobre sus informaciones personales? ¿O la era digital les ofrecerá nuevas oportunidades para la protección de la privacidad?"[18]

Una respuesta convincente solamente la podremos encontrar si partimos de la premisa de que debe ser reconocido para todos el derecho a la autodeterminación informativa. De ello se desprende la necesidad de un fortalecimiento de los poderes que puedan ser efectiva y directamente ejercidos por cada uno. Y esto no depende sólo de la adopción de reglas, sino también de la arquitectura que están asumiendo los diversos sistemas.

En estos años, en efecto, hemos asistido precisamente al deterioro del poder sobre las propias informaciones, que se convirtió en una real y genuina pérdida del control de sí mismo, en formas intensas y radicales de despojo y

---

[17] Sobre este punto véanse las observaciones particularmente agudas de H. Burkert, "A few Comment on Privacy Enhancing Technologies", en P. Agree y M. Rotenberg (comps.), *Technology and Privacy: The New Landscape*, Cambridge (Mass.), The MIT Press, 1997.

[18] Center from Democracy and Technology, *Statement before the Federal Trade Commision Workshop on Consumer Privacy on The Global Information Infrastructure*, junio de 1996, p. 3.

quebrantamiento. Tal fue el efecto de la difusión de las recopilaciones de informaciones personales cada vez más amplias y especializadas por obra de los sujetos más dispares, que disgregan el sí mismo de cada uno en lugares diversificados, indeterminados e inaprensibles.

La unidad de la persona queda hecha pedazos. En su lugar encontramos tantas "personas electrónicas", tantas personas creadas por el mercado[19] como cuantos son los intereses que llevan a la recopilación de las informaciones. Estamos convirtiéndonos en "abstracciones en el ciberespacio",[20] y de nuevo nos enfrentamos a un individuo "multiplicado".[21] Sin embargo, esta vez, no por su elección ni por su disposición a asumir distintas identidades, sino para reducirlo a la medida de las relaciones de mercado.

Considerar estas recopilaciones como el alimento indispensable de la sociedad de la información y un instrumento para resolver problemas de los propios "proveedores" de los datos,[22] y tener en cuenta la plena protección de las informaciones personales como un precio demasiado elevado, es una actitud no sólo unilateral sino contradicha por las tendencias verificables en la misma dimensión empresarial. En ella comienzan a difundirse iniciativas dirigidas a tranquilizar a los usuarios de las tecnologías de la información y de la comunicación mediante códigos de

---

[19] P. Mell, "Seeking Shade in a Land of Perpetual Sunlight: Privacy as Property in the Electronic Wilderness", en *Berkeley Technology Law Journal*, 11, 1996, p. 81.

[20] S. L. Talbott, *The Future Does Not Compute*, cit., p. 202.

[21] M. Poster, *The Mode of Information*, Cambridge, Polity Press, 1990, pp. 97-98.

[22] Es ésta una actitud muy difundida, expresada con particular claridad, por ejemplo, por G. Gilder, "Interview with Eric Nee", en *Upside*, junio de 1994, pp. 35-55.

conducta, directivas sectoriales y formas diversas de autodisciplina. La protección de la privacidad se presenta así como una vía para la legitimación social de dichas tecnologías, y, en tal sentido, puede despertar la sospecha de que se trata de una utilización puramente instrumental. Al mismo tiempo, sin embargo, dicha tendencia alerta contra simplificaciones excesivas del problema de las informaciones personales, puesto que precisamente por aquí pasa la frontera entre la sociedad de la información y la sociedad de la vigilancia.[23]

Se entrelazan de nuevo cuestiones que se relacionan al mismo tiempo con la esfera privada y con la esfera pública. Es errado considerar que las técnicas de recopilación de las informaciones personales, con su carácter invasor y "granular", originen efectos relevantes solamente en el área de los comportamientos vinculados a la actividad económica y al consumo. Si crece efectivamente entre los usuarios de las redes el conocimiento de la facilidad con la cual puede ser hallada cualquier huella de su navegación, puede "enfriarse" su propensión a intervenir en discusiones o actividades de neto interés político. Queda así eliminada, o por lo menos muy reducida, la vocación de facilitar e incrementar la participación de los ciudadanos que se considera habitualmente como el aporte más relevante que las tecnologías de la información y de la comunicación pueden dar al proceso democrático.

Corresponde abordar aquí el tema del *individual empowerment* [dar poder al individuo], del fortalecimiento del poder singular de cada ciudadano, que podría ser favore-

---

[23] Sobre estos problemas véase la excelente investigación de E. Heilman, A. Vitalis y B. Vendaud, *Nouvelles technologies, nouvelles régulations?*, Burdeos, Centre d'Étude des Médias, 1996.

cido por la innovación tecnológica. En esta dirección se mueven también muchos grupos que, en los Estados Unidos, están comprometidos en la defensa de las libertades civiles y que se proponen, como objetivo final, la creación de condiciones tales como para posibilitar a cada uno la elección del nivel deseado de protección de la privacidad, confiando en su esencia la realización de este proceso a la propia dinámica de la tecnología. Se configura así una singular convergencia con las posiciones de quienes confían solamente al juego de las transacciones de mercado la determinación del grado concreto de protección. De tal modo se obtendría el máximo respeto de la voluntad individual y el máximo de eficiencia económica. Pero es obvio que el correcto funcionamiento de este mecanismo depende de la ausencia de elementos que puedan distorsionar la libertad de elección y el consenso individual, por efecto de las asimetrías de poder ligadas a la cultura, a los ingresos y al peso concreto en el mercado. Por lo tanto, el proceso de fortalecimiento del poder individual debe partir precisamente de esta comprobación de la realidad: sin mecanismos capaces de depurarla de dichas asimetrías, la expresión del consenso será formalmente libre, pero esencialmente dependiente de las distorsiones del mercado.

De tal modo, el nivel de protección de la privacidad de cada uno no corresponde a su libre elección, sino que se presenta como la resultante de un conjunto de condicionamientos. Una correspondencia, al menos tendencial, entre nivel de protección deseado y nivel de protección efectivo, requiere necesariamente una cuota de privacidad absolutamente intangible y garantizada por una regla.

La dificultad en construir un marco institucional vinculante, en un contexto en el cual las formas tradicionales de protección son particularmente dificultadas por el hecho de que las redes "mundializadas" escapan a las soberanías nacionales, justifica el interés por hallar un conjunto de mecanismos no reducibles a una única regla jurídica nacional. Pero ello requiere el planeamiento de nuevas formas jurídico-institucionales y no el abandono de tal dimensión.

4. *Las nuevas dimensiones de la privacidad*

La descripción del nuevo paisaje tecnológico, y de las transformaciones que conlleva, se presenta así no como un discurso cerrado, sino como el camino que debe ser recorrido para alcanzar la plena comprensión de los efectos sociales de las tecnologías de la información y de la comunicación. Y tales efectos, con referencia específica a la privacidad, pueden ser sintetizados del siguiente modo:

– hemos pasado de un mundo en el cual las informaciones personales estaban esencialmente bajo el control exclusivo de los interesados a un mundo de informaciones *compartidas* con una pluralidad de sujetos;

– hemos pasado de un mundo en el cual la cesión de las informaciones era en gran parte casi el efecto de las relaciones interpersonales, de manera tal que la forma corriente de violación de la privacidad era el chismorreo, a un mundo donde la recopilación de las informaciones se concreta mediante transacciones abstractas;

– hemos pasado de un mundo en el cual el único problema era el del control del flujo de las informaciones *en salida* desde el interior de la esfera privada hacia el exterior a un mundo donde es cada vez más importante el control de las informaciones *en ingreso*, como lo demuestra la importancia creciente asumida por el derecho de no saber, de la atribución a los individuos del poder de rechazar interferencias en su esfera privada como las provenientes del envío de material publicitario y del marketing directo;

— vivimos en un mundo en el cual aumenta el valor agregado de las informaciones personales, con un cambio tal de paradigma que la referencia al valor en sí de la persona y de su dignidad se convierte en secundario con respecto a la transformación de la información en mercancía;

— vivimos en un mundo en el que se está adquiriendo conciencia de la necesidad de reflexionar sobre el hecho de que, hasta ahora, las tecnologías de la información y de la comunicación asumieron con frecuencia las características de tecnologías *sucias*, aproximándose más bien al modelo de las tecnologías industriales contaminantes, de tal modo que se convierte en cuestión central impulsar o imponer la introducción en el ambiente informativo de tecnologías *limpias*;

— vivimos en un mundo en el cual precisamente las tecnologías de la información y de la comunicación contribuyeron a hacer siempre más endeble el límite entre esfera pública y esfera privada. Y la posibilidad de la libre construcción de la esfera privada y del desarrollo autónomo de la personalidad se convirtieron en condiciones para determinar la efectividad y la amplitud de la libertad en la esfera pública.

Este conjunto de observaciones obliga a la revisión de los esquemas habitualmente empleados en materia de privacidad, y nos muestra lo que podríamos definir como sus paradojas. La primera surge del hecho de que la ampliación de la protección de la esfera privada de los sujetos sobre los que son recopiladas informaciones, gracias a la atribución a los mismos de poderes directos de control, determinó una mayor transparencia de la esfera de los recopiladores de informaciones, sean ellos aparatos públicos u organizaciones privadas. Las reglas sobre la privacidad, concebidas para asegurar opacidad y secreto a la esfera individual, se convierten en la llave de paso a una más acentuada transparencia social.

Una segunda paradoja surge de la particular protección, en términos de secreto, atribuida a informaciones como las relativas a las opiniones políticas y sindicales, consideradas ya como el "núcleo duro" de la privacidad. Este tipo de opiniones, sin embargo, no debería quedar encerrado en la esfera *privada*: al menos en los estados democráticos deberían caracterizar preferentemente a la esfera *pública*. Forman parte de las convicciones que el individuo debe poder manifestar *en público*, y contribuyen a determinar su identidad *pública*. La clasificación de dichas informaciones entre las particularmente protegidas contra los riesgos de la circulación proviene de su potencial aptitud para ser utilizadas con fines discriminatorios. De allí la paradoja: datos típicamente *públicos* reciben el máximo de protección *privada*. Y ello implica un cambio esencial de los motivos de la protección: el fin ya no es el de considerar el secreto de un bien en sí, sino el de contrarrestar posibles discriminaciones.

Cambia así profundamente la función sociopolítica de la privacidad, que se proyecta mucho más allá de la esfera privada para convertirse en un elemento constitutivo de la ciudadanía. Y su definición, ligada por largo tiempo únicamente al "derecho de ser dejado solo", se extiende y se orienta hacia la idea de la protección global de las elecciones de vida contra toda forma de control público y de estigmatización social, en un marco caracterizado por la libertad de las elecciones existenciales y políticas.

Pero esto significa también que la medida social de la

privacidad no puede ser determinada con referencia a criterios sectoriales, como los derivados, por ejemplo, del universo del consumo. La privacidad, entonces,

– se impone como derecho fundamental;

– se especifica como derecho a la autodeterminación informativa, y, más precisamente, como derecho a determinar las modalidades de construcción de la esfera privada en su totalidad;

– se presenta, por último, como prerrequisito de la ciudadanía en la era electrónica y, en cuanto tal, no puede ser confiada únicamente a la lógica de la autorreglamentación o a las relaciones contractuales.

5. Reglas y mercados

Para delinear mejor tal perspectiva, se pueden considerar tres cuestiones significativas: el anonimato en las redes, el espacio correspondiente a la lógica de mercado y el papel y los límites de la ley. Ya se recalcó que la exigencia de permanecer desconocidos, o de asumir múltiples identidades, acompaña en particular al desarrollo de Internet, considerado el lugar de la libertad sin fronteras. Pero ello determina conflictos, cuya solución sólo puede ser asignada a normas jurídicas o a códigos de comportamiento. Para uno y otro tipo de reglas, de todos modos, se plantea un problema de "efectividad": ¿será realmente posible hacerlas respetar?

En lo que respecta a las normas jurídicas, la cuestión central está representada por el hecho de que las redes como Internet se sitúan, por su naturaleza, más allá del radio de acción de las leyes nacionales, de tal forma que puede convertirse en difícil, por ejemplo, establecer si es posible, y en tal caso de qué manera se puede perseguir a quien actuó desde un país distinto al que fue escenario de una determinada violación a la esfera privada de otro sujeto (entre otras cosas, puede darse que un comportamiento sea lícito en un país y no en el otro). En perspectiva, esto significa que se hacen necesarias convenciones internacionales. Pero, mientras tanto, ello no implica renunciar a la aplicación de las leyes nacionales o a la búsqueda de soluciones confiadas a la autodisciplina de sector o a acuerdos celebrados entre los distintos sujetos interesados (empresas, consumidores y usuarios de servicios, administradores y usuarios de las redes). Por ejemplo, en lo que respecta al conflicto entre el interés en el anonimato y el interés de quien se considera perjudicado por los comportamientos de individuos que, permaneciendo anónimos, violan su esfera privada, una solución puede ser establecimiento de una normativa que posibilite el anonimato en las comunicaciones, pero que permita a la justicia, en casos bien definidos, acceder a la identidad del "comunicador". Éste tendría la obligación de darla a conocer únicamente al administrador de la red, quien a su vez estaría obligado a mantener el secreto más riguroso.

A hipótesis como ésta se les objeta generalmente que así quedaría negada la naturaleza de la red, como lugar de infinita libertad. Pero al razonar de tal manera, no se tienen en cuenta los riesgos que puede provocar por una legislación que, aparte de las sanciones penales, terminaría por ser confiada esencialmente a la lógica del mercado. Si cualquiera se considerase efectivamente perjudicado por una comunicación en red, y, al no poder identificar al autor, se dirigiera al administrador, obtendría, sobre la base de los principios adoptados en los más diversos sistemas, una suma de dinero de aquél a título de reparación del daño. Éste, con todo, es el camino señalado en muchas propuestas, que sugieren precisamente la formalización, en casos como el mencionado, de la responsabilidad del administrador.

No obstante, al aceptar un planteamiento tal no se advierte que la intangibilidad del anonimato termina por ser pagada con el riesgo concretísimo de una censura de mercado. En efecto, es totalmente previsible que el administrador de la red, para evitar precisamente costos agregados, como los derivados del resarcimiento de perjuicios, excluya de la red a los sujetos (en primer lugar los decididos a permanecer en cualquier caso en el anonimato) y a los temas que se presenten como una fuente potencial de daños. Se incentivaría de tal modo la tendencia a excluir todas las formas de comunicación que puedan revelarse como una amenaza al patrimonio del administrador, legitimando precisamente intervenciones típicas de censura.

El rechazo del "paternalismo" legislativo, aparentemente destinado a hacer respetar hasta las últimas consecuencias la libertad en las redes, deja en esencia el campo libre únicamente a la lógica del mercado, que puede revelarse como más peligrosa para las libertades que una sobria normativa jurídica. Esta línea, por otra parte, no es necesariamente incompatible con las decisiones dirigidas fundamentalmente a valorizar la deontología o los códigos de comportamiento, aunque hasta ahora los resultados en este terreno hayan sido modestos. La autodisciplina, en efecto, puede ser considerada también como el instrumento gracias al cual se experimentan las soluciones más eficaces y socialmente aceptadas, que luego pueden constituir el punto de partida para la elaboración de los principios reguladores de todo el sector.

Pero la invocación al mercado, como camino para garantizar mejor los derechos sobre las informaciones personales, condujo también a propuestas tendientes a asegurar el otorgamiento de una compensación en dinero por el uso de datos por parte de sujetos que obtienen de ello beneficios económicos. Aun un investigador como Alan Westin, pionero en los estudios sobre las relaciones entre privacidad y libertad,[24] puso en duda su primer planteo que lo hacía ver como esencialmente hostil a toda forma de normativa que pudiera derivar en un menoscabo de la dignidad personal,[25] y se preguntó si no ha llegado ya el momento de reconocer mediante la ley "un nuevo derecho de propiedad sobre las informaciones personales, que se han convertido en una mercancía vital y de gran valor en la era del marketing directo".[26] Una posición que se encuentra también en las propuestas de un grupo libertario como el Electronic Privacy Information Centre de Washington, que parte de la consideración realista del enorme comercio de informaciones personales para arribar a la conclusión de que no hay razón en oponerse a que sea obligatorio otorgar una suma de dinero a las personas a las que se refieren las informaciones.

De tal manera, sin embargo, se estatuye un cambio radical de paradigma, admitiendo el ingreso de los datos personales en el mundo de las mercancías, y su definitiva *commodification*.* Este planteo provocaría efectos de alcan-

---

[24] A. F. Westin, *Privacy and Freedom*, Nueva York, Athaeneum, 1970.

[25] Id., "Home Information Systems: the Privacy Debate", en *Datamation*, 4, 1982, p. 112.

[26] Id., "How the American Public Views Consumer Privacy Issues in the Early 1990s – and Why", House Comittee on Government Operations (10 de abril 1991), U. S. Government Printing Office, Washington D. C., 1991.

* De *commodities*: mercancías de primera necesidad, materias primas.

ce superior a las situaciones específicas en las cuales es más intensa la comercialización de los datos personales. Cambiaría la naturaleza misma del derecho a la privacidad: de derecho fundamental de la persona se transformaría en valor de cambio en el mercado.[27]

Con todo, dicha propuesta encuentra también límites objetivos y no está en condiciones de alcanzar el objetivo proyectado: el de garantizar a cada uno el valor de cambio de las propias informaciones. Los costos de transacción para operaciones de ese tipo, efectivamente, serían tan elevados como para hacerlas concretamente impracticables.[28] Piénsese, por ejemplo, en las informaciones incorporadas a una *mailing list* y en cuánto costaría tomar contacto con todas las personas contenidas en la lista, y a las cuales, por otra parte, les correspondería una suma absolutamente irrisoria.

Medidas de este tipo muy probablemente terminarían por tener como único efecto no tanto el de desalentar algunas formas de circulación de las informaciones, cuanto más bien conducir a la elaboración de estrategias de contacto comercial seguramente onerosas para los proveedores de informaciones, pero aún más invasoras de las esferas privadas individuales. Tampoco quedaría resuelto el problema de los dos mercados de las informaciones personales:[29] un mercado "primario", donde se intercambian informaciones cedidas consensualmente por el interesado,

---

[27] Es éste el típico planteo del sector de la economic analysis of law [análisis económico del derecho] que encabeza R. M. Posner, de quien se puede ver, entre otros trabajos, *The Economics of Justice*, Cambridge (Mass.), Harvard University Press, 1981, pp. 231-347.

[28] Véanse, por ejemplo, las observaciones de E. M. Noam, *Can Markets Generate Privacy in Telecommunications?*, Nueva York, Columbia Institute for Tele-Information, 1994.

[29] P. Mell, *Seeking Shade*, cit., pp. 5-6.

con o sin compensaciones y con todos los límites, que, como ya señalamos, acompañan a las manifestaciones de consenso, en éste como en otros campos. Y un mercado "secundario", donde circulan informaciones recopiladas sin el conocimiento del interesado o utilizadas para fines no consultados con él. Todo ello, en efecto, ocurriría en un contexto en el cual habrían desaparecido igualmente las garantías de intangibilidad que acompañan a la privacidad, cuando ésta es considerada un derecho fundamental de la persona y un componente esencial de la ciudadanía, y como tal no negociable.

6. *Estrategias de protección*

Las estrategias de protección de la privacidad, entonces, deben partir de ese conjunto de premisas y requieren la integración de diferentes instrumentos. El punto de partida está representado por el hecho de que, aun manteniéndose la referencia a las informaciones personales tal como se fue especificando a través de una larga discusión y un gran número de reglas jurídicas, las tecnologías de la información y de la comunicación exteriorizan los nuevos problemas que deben ser considerados cuando se ingresa a la dimensión que lleva a definirlos como *Telecommunications-Related Personal Informations*.[30] Sintéticamente, se pueden señalar las siguientes orientaciones:

– debe convertirse en un componente esencial de la privacidad, y por lo tanto reforzarse y extenderse el "derecho de oposición" a determinadas formas de recopilación y recolección de las informaciones personales, agregando

---

[30] Véase U. S. Department of Commerce, *Privacy and the NII*, cit.

a la posibilidad de iniciativas personales también la de acciones colectivas. Una perspectiva, esta última, que es seguramente más realista y vigorosa por la posibilidad de construir en las redes grupos destinados precisamente a dicha forma de protección de la privacidad, iniciando así también la distribución de poderes que pueda corregir el desequilibrio entre el poder de los grandes grupos que recopilan informaciones y el poder de los ciudadanos;

– debe seguirse la misma lógica para hacer efectivo el "derecho a no saber", que puede ser considerado como una especificación del derecho de oposición. El derecho de no saber, en su origen, fue considerado sobre todo en relación con los datos sobre la salud, cuyo conocimiento puede provocar traumas incluso profundos (piénsese en particular en las informaciones genéticas, anunciadoras en muchos casos de un "destino"). Pero el "no saber" puede ser extendido a todas las formas de *direct marketing* que consisten precisamente en invadir la esfera privada de un sujeto con informaciones que no son de su agrado.[31] Por ejemplo, en un ambiente jurídico como el estadounidense, hostil al "paternalismo legislativo", desde 1991, con el Telephone Consumer Protection Act, el Congreso prohibió el *junk fax* [material no solicitado], es decir el envío de material publicitario vía fax sin el consentimiento del interesado, y ya dieciocho estados incorporaron una similar prohibición;[32]

---

[31] En 1990 la New York Telephone informó a los abonados la intención de vender la lista de sus propios clientes: 800.000 abonados solicitaron ser borrados de tal lista. La Bell Atlantic renunció a la venta de listas basadas en las "páginas blancas" luego de las protestas de los abonados. Estos son solamente algunos de los episodios que muestran la creciente sensibilidad social ante este tipo de problemas.

[32] Véase, en particular, M. W. Carrol, "Garbage In: Emerging Media and Resolution of Unsolicited Commercial Solicitations", en *Ber-*

– debe lograrse que sea más neto y constrictivo el "principio de finalidad", que condiciona la legitimidad de la recopilación de las informaciones personales a la previa comunicación al interesado de la forma en que las mismas serán utilizadas. Para algunas categorías de datos particularmente sensibles, como las informaciones genéticas, establece asimismo que la única finalidad admisible sea la del interés de la persona considerada. La importancia de este principio, que debe acompañarse con severas sanciones civiles y penales, resulta evidente cuando se considera que los datos recopilados para el abono a un periódico, o, más todavía, para facturar los servicios provistos por una emisora de televisión *pay-per-view* [programas diversos, incluidos en un menú, para ser vistos en horarios elegidos] pueden ser utilizados perfectamente para confeccionar perfiles individuales y de grupo para venderlos en el mercado;

– debe asumir mayor relieve el "derecho al olvido", previendo que ciertas categorías de informaciones sean destruidas, o conservadas solamente en forma conjunta y anónima, luego de que haya sido cumplida la finalidad para la cual habían sido recopiladas o después que haya transcurrido un determinado período de tiempo. Ello puede concretarse mediante las tecnologías que permiten aplicar programas de destrucción automática de datos en presencia de determinadas condiciones. Se puede buscar así de poner un freno a la acumulación de enormes cantidades de datos, potencialmente peligrosa. Y, sobre todo, se

---

keley Technology Law Journal, 11, 1996, pp. 233-280, que examina los diversos problemas del así llamado *junk mail*, destacando que las prohibiciones relativas a los fax no queridos se fundamentan también en la violación de la propiedad del destinatario, del que son utilizados ilegítimamente papel y tinta (p. 237).

evita que cada uno sea implacablemente seguido por cualquier huella que haya dejado en el curso de su vida. Es éste un problema particularmente importante cuando la "huella" es el producto automático del desenvolvimiento de una actividad cualquiera (compra de bienes o servicios, uso de la televisión *pay-per-view*), y se presenta, por lo tanto, en la forma de los *transactional data*.

En este punto se nos plantea el problema del modo en el cual estas indicaciones generales puedan traducirse en instrumentos concretos: si por lo tanto es conveniente seguir la vía de la normativa jurídica de tipo tradicional, si se debe confiar en la autodisciplina del sector o si deben mantenerse operativos solamente los instrumentos del mercado, en primer lugar el contrato. Éstas no son vías alternativas entre sí, como lo demuestra la experiencia. Su consideración global, con todo, requiere también una revisión profunda del modo en que fueron empleados los instrumentos tradicionales, sobre todo los legislativos.

Se trata, por lo tanto, de considerar cómo podría concretarse la integración de los distintos medios: y esto puede ocurrir atribuyendo a la ley la función de definir un marco de principios, en el interior del cual los diversos actores y las diversas fuentes puedan luego adaptarlos a las situaciones específicas. La propia ley, en consecuencia, debe asumir una flexibilidad que la coloque en condiciones de responder a situaciones diversas y variables.

La cuestión de la flexibilidad no es nueva. Históricamente, sin embargo, ella se refería al hecho de que el paso del tiempo puede determinar una distancia entre las normas jurídicas y la cambiada realidad. Una dinámica que se acentúa fuertemente por la rapidez de los cambios originados por las tecnologías. Esto quiere decir que se tomaba en cuenta la dimensión *diacrónica*, introduciendo en la legislación una serie de fórmulas, "cláusulas generales" o "conceptos elásticos", susceptibles de promover la adaptación automática del sistema jurídico al cambio social, sin necesidad de continuas intervenciones legislativas.[33]

Hoy, sin embargo, a la dimensión diacrónica se adjunta la *sincrónica*, en el sentido de que la adaptación atañe también a situaciones distintas presentes en el mismo momento. Hablar de "finalidad" o de "olvido" asume diversos significados según las situaciones o los sujetos considerados, y precisamente tal diversidad puede ser tenida en cuenta en forma inmediata, haciendo que la diferenciación normativa se corresponda con la multiplicidad social.

La ley ya no es vista así como un instrumento rígido, sino flexible; para su aplicación concreta se requiere un trabajo de adaptación asignado a sujetos distintos del legislador. Junto a esta innovación en la técnica legislativa se sitúa, por lo tanto, el acrecentamiento del número de los sujetos que pueden intervenir en la protección de la privacidad. Y, al considerar el proceso regulador en su totalidad, se han propuesto esquematizaciones que resaltan las relaciones entre sujetos, reglas y sanciones, en una perspectiva de rechazo al "centralismo jurídico".[34]

---

[33] Las fórmulas pueden ser muy variadas: moralidad, orden público, común sentido del pudor, deberes del buen padre de familia... Es suficiente recordar que, en un tema actualísimo como la *brevettabilità del vivente*, se debe hacer referencia al art. 53 inciso b de la Convención de Munich, que la excluye en los casos de contraste con "bonnes moeurs et ordre public" [buenas costumbres y orden público], y por lo tanto con criterios variables con el tiempo y cuya definición queda confiada a los órganos judiciales o administrativos. Para un ulterior análisis, véase mi trabajo sobre "Il tempo delle clausole generali", en *Rivista critica del diritto privato*, 1987, pp. 709-733.

[34] Véase D. G. Post, *Anarchy, State, and the Internet: an Essay on Law-Making in Cyberspace*, J. Online L., 1995, par. 8, que retoma indicacio-

Una primera etapa sería la que considera la posición absolutamente autónoma de los individuos, para los cuales la regla es la ética individual y la sanción puede ser sólo aquella que es autoimpuesta. Se pasaría después a las relaciones en las cuales está presente un segundo objeto: la regla puede estar basada en un contrato y las sanciones son variables según los acuerdos entre las partes (que pueden prever o no prever el recurso a sujetos institucionales, como el juez). Pueden luego intervenir actores sociales, más o menos formalizados, que producen normas y sanciones sociales (tal es el caso de las asociaciones de consumidores o de usuarios), y sujetos organizados, con formalización relevante, que producen normas y sanciones precisamente de tipo organizativo (el caso de la autodisciplina de determinadas empresas o de sectores empresariales). Está, por último, la presencia del estado, con normas jurídicas acompañadas por sanciones.

Esquemas como éste poseen algún valor descriptivo, pero un bajo valor interpretativo, desde el momento en que nada nos dicen sobre las características específicas que los diversos tipos de reglas asumen cuando su objeto está constituido por las *Telecommunications-Related Personal Informations*. O sobre el modo en que pueden integrarse las acciones de los distintos sujetos y de los distintos sistemas de regulación. Poseen más bien un significado "político", dado que parten de la premisa de la imposibilidad de atribuir a una única fuente el ordenamiento de los problemas de protección de la privacidad. Asimismo, cuando el mencionado rechazo del "centralismo" parte del deseo de evitar la producción de reglas de exclusivo origen estatal, la previsión

---

nes de R. C. Ellickson, *Order Without Law: How Neighbours Settle Disputes*, 1991, pp. 123-127.

de una multiplicidad de fuentes termina por dar relevancia, por una parte, a la imposibilidad de refugiarse en alguna otra forma de exclusivismo: la del mercado; y por la otra, a la necesidad de contar con un marco de principios en el interior del cual puedan operar los diversos actores.

7. *La privacidad como derecho fundamental*

La búsqueda de reglas locales, nacionales y supranacionales, impuestas desde arriba o resultado de la autodisciplina, confirma un principio y da lugar a una preocupación. La protección de las informaciones personales se revela como un elemento esencial de la personalidad y de la ciudadanía. Precisamente por ello nos enfrentamos a una materia en la cual no puede haber vencedores ni vencidos. De la amplitud y de la efectividad de las garantías otorgadas a la privacidad como momento constitutivo de la esfera pública y de la esfera privada, depende consecuentemente y en gran parte la posibilidad de que la sociedad de la información evolucione hacia una sociedad "del conocimiento y del saber", y no se transforme en una sociedad de la vigilancia, de la clasificación y del control.

En la actual etapa conviven estas distintas formas de organización social. Sin embargo, la predominancia de uno u otro modelo no dependerá únicamente, de las dinámicas internas del ordenamiento de las informaciones personales, sino que también se vincula con el conjunto de condiciones relativas al modo en que se organiza y funciona el sistema sociopolítico.

Si se considera, por ejemplo, el ordenamiento adoptado en gran número de países para las informaciones sobre la salud, se observa que la regla para su recopilación y su circulación está basada en el libre e informado consentimiento de los interesados, y para informaciones particularmente sensibles, como las genéticas, en el interés exclusivo de la persona a la cual se refieren (en este caso no basta ni siquiera el consentimiento, si es que se pretenden utilizar los datos genéticos para finalidades distintas de la protección de la salud del interesado). La atención, entonces, debe concentrarse precisamente en las condiciones en presencia de las cuales se expresa el consentimiento, para verificar si está basado sobre el conocimiento adecuado, y, sobre todo, si tal expresión puede realmente considerarse libre. Es éste un tema que principalmente los juristas conocen desde hace mucho tiempo, y que han desarrollado analizando las asimetrías de poder de los sujetos involucrados en las relaciones contractuales, sacando a luz la figura del "contratante débil", caracterizado precisamente por carecer de libertad esencial en el momento de la determinación.

Ello puede depender de diversos factores, pero el decisivo está constituido por la imposibilidad concreta de rechazar la recopilación y el uso de las informaciones, en cuanto se haga depender del consentimiento la posibilidad para el interesado de obtener un bien o un servicio del que tiene absoluta necesidad y que no podría obtener por otras vías. Si se observa, por ejemplo, el funcionamiento del sistema estadounidense, se nos hace evidente que del consentimiento a la recopilación (y a una eventual circulación) de informaciones sobre la salud depende la posibilidad misma de ser curado. Se sigue hablando ciertamente del consentimiento informado como instrumento del que dispone cada individuo para proteger su esfera privada. Pero en los Estados Unidos, al faltar la garantía al derecho a la salud como derecho fundamental y ante la ausencia de un sistema sanitario nacional, impera el criterio privatista de cobertura. Y las compañías de este tipo subordinan la estipulación del contrato y la cobertura de los gastos médicos a la "cesión" de una cuota muy relevante de informaciones personales sobre la salud. La protección de la privacidad, aun confirmada formalmente, queda así eliminada en los hechos, o, para decirlo con mayor realismo, se convierte en privilegio de quienes tienen la posibilidad de pagar directamente los honorarios médicos, liberándose de los requerimientos de los aseguradores y de las instituciones hospitalarias (que, a su vez, tienen como verdadero interlocutor a las compañías de seguros).

Una vez verificado que, no solamente en situaciones como la descrita, el consentimiento del interesado pierde toda fuerza y significación, los caminos, para proteger la privacidad, se limitan exclusivamente a dos. O mantener con firmeza, en todas las ocasiones en que ello sea posible, el principio de la cobertura pública de los gastos médicos, eliminando así desde su raíz la tendencia al requerimiento de informaciones particularmente sensibles. O bien convertir en "indisponibles" las informaciones sobre la salud, partiendo de la premisa de que la salud es un derecho fundamental, y que, en consecuencia, no se puede nunca inducir a una persona a ceder datos que afectan aspectos particularmente delicados de su personalidad. Es éste el camino que, en algunos países, comienza a seguirse para las informaciones genéticas, cuya recopilación está prohibida a los aseguradores y dadores de trabajo. De este modo se pueden crear las condiciones mínimas de compatibilidad entre los derechos de la persona y los mecanismos de mercado que, en caso contrario, tendrían el efecto de poner en peligro tales derechos.

Las estrategias de protección de la privacidad, por lo tanto, exigen instrumentos múltiples, no incompatibles entre sí, y que, por lo menos en algunas situaciones, puedan operar conjuntamente. Si no es aceptable la posición de quienes consideran que, al menos en lo que respecta al mercado, la invasión de la esfera privada debe compensarse en todo caso con un beneficio en términos de un más fácil acceso a bienes o servicios, tampoco es suficiente recordar que, debiendo todos mantener relaciones con los otros, "la verdadera privacidad sólo puede estar basada en un profundo y sensible respeto mutuo".[35]

Es cierto que resulta difícil asegurar la protección de la privacidad allí donde falta la cultura del respeto. Pero ésta, por un lado, no puede ser considerada como una especie de dato "natural"; y, por el otro, las condiciones institucionales pueden promover dicha cultura, o, por lo menos, eliminar los factores que facilitan una escasa consideración hacia la reserva del prójimo. La verdadera novedad, sin embargo, está representada por el hecho de que la recopilación y la circulación de las informaciones se producen hoy en un contexto ampliamente despersonalizado, donde el respeto queda subordinado a otras lógicas, por la necesidad de la sociedad de la información de asegurarse su alimento específico.

Rotos los equilibrios del pasado y convertida la privacidad en una cuestión (¿una obsesión?) que puede acompañarnos casi en todo momento, no es imaginable el renacimiento espontáneo de los equilibrios, porque ejercen su presión intereses demasiado poderosos. Nacida como exigencia exclusivamente individual, la privacidad requiere cada vez más su construcción social.

---

[35] S. L. Talbott, *The Future Does Not Compute*, cit., pp. 5-6.

Epílogo

Para una ciudadanía "electrónica"

La noción de ciudadanía se encuentra actualmente ampliada. No indica solamente la relación entre una persona y un territorio, sino que pretende definir el conjunto de las condiciones para que la persona pueda gozar de la plenitud de sus derechos fundamentales y participar en el funcionamiento del sistema político. La ciudadanía, por lo tanto, define ya las modalidades de inclusión de cada uno en el proceso democrático:

> Ella nos permite juzgar el funcionamiento de las instituciones democráticas desde el punto de vista de la "calidad" de la vida pública y privada de los ciudadanos, y, principalmente, de las ciudadanas; asocia en una perspectiva unitaria el tema de los derechos subjetivos y el de las razones prejurídicas de la pertenencia y de la exclusión política; ofrece un espacio teórico para el análisis de la tensión entre la protección de los derechos garantizada por el estado constitucional y los procesos de "globalización" que hacen depender cada vez más su goce efectivo de la posibilidad de su protección internacional.[1]

[1] D. Zolo, "Prefacio", en Íd. (comp.), *La cittadinanza. Appartenenza, identità, diritti*, Roma-Bari, Laterza, 1994, p. x.

Siguiendo estos diversos criterios, se observa inmediatamente la importancia que revisten para la ciudadanía las novedades introducidas por las tecnologías de la información y de la comunicación. Esfera pública y esfera privada se entrelazan y se redefinen alternativamente. Habitar en libertad la ciudad física y la ciudad política exige que, en lugares y momentos diversos, se pueda gozar de las condiciones de "invisibilidad" antes reservadas solamente al momento de la expresión del voto. El control sobre las propias informaciones, el acceso a todos los datos socialmente relevantes y la posibilidad de comunicación ininterrumpida se convierten en condiciones necesarias para la preservación de la individualidad y para la acción colectiva. La posesión de la dimensión tecnológica parte de la alfabetización y termina en la reconstrucción de los procedimientos democráticos.

La ciudadanía encierra dentro de sí todo esto. Y si la retórica de la comunicación nos mueve a hablar de "ciudadanía electrónica", la simple observación de la realidad nos dice que ese conjunto de condiciones ya pertenece a la ciudadanía sin adjetivos.

Cambian las palabras. Mientras hablamos del *citizen*, del ciudadano, parecería que dicho término lleva consigo la sombra de un pasado, o aun de un pecado original: tanto es así que se hace necesario salvar su fuerza evocativa, pero a la vez hay que depurarlo de la referencia demasiado inmediata a la pertenencia a una determinada comunidad estatal. Surge así el *denizen*, el simple "residente", más vinculado al estar en un lugar que no a la cualidad formal de la pertenencia: los derechos, que tradicionalmente estaban vinculados a la ciudadanía estatal, se convierten en patrimonio de todos los que se encuentran en un territorio, y que por solo ese hecho poseen el derecho de ser educados y atendidos, de hablar y de trabajar. Pero aun esta figura parece ya inadecuada para la sociedad de la comunicación, donde la condición es la del *netizen*, que extiende el ser ciudadano a la infinita dimensión del *net*, de la red, como si solamente allí fuera acaso posible alcanzar la plenitud democrática.

No se trata sólo de una cuestión de espacios, de un juego de expansión que proyecta primero la ciudadanía más allá de la esfera territorial y estatal, y hace de ella una condición permanente de la persona donde sea que se encuentre, y, por último, la extiende más allá de toda posible frontera. Cambian las modalidades mismas de la ciudadanía, o se concreta por completo la promesa que tal palabra llevó siempre consigo, simbolizando la permanente e irreductible cualidad de todo sujeto. La red implica el flujo continuo de informaciones y de relaciones, que no acrecientan sólo las posibilidades de intervención de cada uno, sino que se contraponen fundamentalmente a la idea de una democracia limitada al momento extremo de la decisión.

La metáfora de la red –obsesiva, invasora– puede perturbar. Y, con seguridad, los datos de hecho son achatados y distorsionados por la implícita o explícita apología que con demasiada frecuencia la acompaña. Pero la red no es por cierto el punto de arribo, y mucho menos una simple oportunidad que se puede aprovechar o desechar. Es una realidad que puede originar fragmentación, convertirse en prisionera de lógicas comerciales, pero que identifica también el modo de ser de las organizaciones sociales. Su extensión sobre todo y sobre todos revela una dimensión que supera las técnicas específicas empleadas.

No hay seguridad sobre los resultados. Por el contrario, el riesgo más real no radica en la posibilidad de que su extensión por todas partes, su penetración consistente, conduzcan a una sociedad de implacable vigilancia. Consiste preferentemente en la renuncia a considerar la lógica de la red como un instrumento apto para rendir cuenta de la articulación de lo real, y que al mismo tiempo abre vías para un gobierno que no se contraponga a este enriquecimiento, revelándose asimismo como más 'eficiente' desde el punto de vista social.

La amenaza autoritaria puede ciertamente materializarse en la construcción de un *Panóptico*, pero se convierte en aún más peligrosa si desemboca en una utilización trastocada de la lógica de las redes. La posesión integral de la complejidad, efectivamente, puede llevar a maniobrar las redes para lograr que la atención de todos converja sobre pocos puntos, o solamente sobre uno. La orientación general puede ser la de hacer votar a todos sobre todo. Pero, precisamente, tan solo votar: y no conocer, discutir, proyectar y controlar. Funciones, éstas, que serían concentradas en manos de grupos restringidos, gracias a las tecnologías de la información y de la comunicación, que permiten formas de gestión cada vez menos necesitadas de contar con grupos amplios de colaboradores.

No la sociedad de la vigilancia, por lo tanto, sino de la doble simplificación: con los gobernantes como únicos patrones de los procesos políticos, con los gobernados convocados solamente como masa a encuestar o como comparsas en los procedimientos de ratificación. La complejidad resultaría por cierto reducida, pero también se reducirían de manera aún más drástica las oportunidades de intervención y las posibilidades de elección por parte de los ciudadanos. Se llegaría a la inclusión en dirección única y a la exclusión generalizada. A lo largo de las "autopistas electrónicas" se perdería así la democracia.

El ambiente político se presenta así irremediablemente comprometido. Y en la discusión sobre la sociedad de la información –plena de imágenes y palabras nuevas, pero también de alusiones a fenómenos conocidos que evocan semejanzas más o menos plausibles– se introduce también la dimensión "ambiental", y con ella afloran los riesgos de la contaminación y la consecuente necesidad de una ecología. Ya la descripción de los sistemas informativos afectados por *virus* nos habla de una "naturaleza" que puede ser atacada e infectada, y, por lo tanto, a la espera de curas y de vacunas. Y el "ruido de fondo" no es más una expresión que sirve solamente para describir las distorsiones provenientes del exceso de informaciones. Nos enfrentamos a una forma de organización social en la cual el problema no es tanto el de cómo "percibir" las informaciones justas en el estrépito que las circunda, sino más bien el de las modalidades de producción y de empleo de las informaciones.

El riesgo, lo sabemos, se asocia a la innovación. Paul Virilio nos recuerda que la "invención" del naufragio acompaña al de la nave, y que el percance ferroviario sigue a la difusión del tren.[2] Pero no resulta persuasiva la transferencia de estas imágenes a un ambiente contaminado, cualquiera que éste sea. El naufragio o el percance describen la excepción, la ruptura de la normalidad. En cambio, la contaminación se refiere a un modo de ser que, aun cuando sea considerado inaceptable, se ha convertido en un hecho cotidiano: por lo tanto, normalidad. Si al percance se lo observa efectivamente desde una óptica que, aun considerando la necesidad de su máxima reducción, lo considera, sin embargo, como estadísticamente inevita-

---

[2] P. Virilio, *La vitesse de libération*, cit., p. 55.

ble y como tal lo contabiliza, la comprobación de una contaminación requiere todavía mucho más: un real y auténtico cambio de paradigma.

El mismo Virilio toma conciencia de ello cuando mide el alcance del cambio introducido por las tecnologías de la información y de la comunicación, y lo encuentra en la pérdida del antiguo sentido de la distancia y del tiempo, que resulta trastornado por dichas tecnologías, o queda totalmente anulado. Se pierde la percepción de la *Grandeur-Nature* [grandeza de la naturaleza], se asiste a la "degradación postindustrial de la profundidad de campo del paisaje terrestre", que permite advertir la urgencia, además de la ecología *verde*, de una ecología *gris*.[3] Pero la misma necesidad de ecología se advierte en el mundo así modificado, donde la proliferación de las informaciones altera los ritmos de la acción social, distorsiona el funcionamiento del sistema político y modifica las condiciones para la construcción de la esfera privada. El propio significado de "información" termina por ser diversamente comprendido, según la cualidad de los datos considerados y de su función, que puede ser la de efectivizar uno de los prerrequisitos de la democracia: el de expandir las posibilidades de acción individual y colectiva.

Si valoramos con realismo la situación actual, podría decirse que asistimos a un fenómeno que repite un acontecimiento típico del inicio de cualquier cambio tecnológico, cuando todavía no está definido el conjunto de sus consecuencias, o aún no están plenamente clarificadas las modalidades de uso de las distintas técnicas y de las alternativas posibles. Pueden predominar en esta etapa las tecnologías *sucias*, precisamente porque se las identifica en

---

[3] Ibíd., pp. 56, 75-87.

forma absoluta con un cambio juzgado deseable o inevitable. La posibilidad de recurrir a tecnologías *limpias* sobreviene cuando madura la conciencia social del cambio y de sus efectos, con la iniciación de evaluaciones de su "impacto ambiental"; y cuando la tecnología misma se articula, proponiendo permanentes alternativas a lo que todavía ayer parecía un punto firme de llegada.

La incesante producción de innovaciones y la rapidez del cambio parecen situar a las tecnologías de la información y de la comunicación más allá de dicho horizonte. Siempre estaremos ante un nuevo inicio, ante una especie de maduración inmediata que inaugura otros ciclos, impidiendo de tal modo una sedimentación de la experiencia social que permita una valoración tal de las tecnologías que no consista en la aceptación o en el rechazo sin reservas.

Pero la observación de los hechos nos lleva a consideraciones diferentes. Si se examina, por ejemplo, el sector de la comunicación telefónica, se puede distinguir fácilmente el juego contaminación/descontaminación del ambiente informativo. Telefonear sirviéndose de una tarjeta de crédito significa dejar una infinidad de huellas, "abandonar" en el ambiente una multiplicidad de datos que pueden ser utilizados para las finalidades más diversas. Obtener una factura telefónica con la indicación de los números llamados implica la posibilidad de control sobre todos quienes efectuaron las comunicaciones. Estos factores contaminantes pueden ser eliminados si se recurre a tarjetas magnéticas específicas (pero ello requiere que los administradores del servicio preparen un número adecuado de aparatos utilizables con dicha modalidad). O se prohíben las facturas que consignen los números llamados (es la disposición contemplada por la normativa europea para los servicios de telecomunicación). Se puede objetar, evidentemente, que el empleo de la tarjeta de crédito puede servir para evitar abusos de parte de los empleados, y que la indicación de los números llamados permite el control inmediato sobre la coincidencia entre el tráfico telefónico y los costos debitados. En el primero de los casos, sin embargo, la disponibilidad efectiva de dos tecnologías, una sucia y otra limpia, permite a los usuarios una posibilidad de elección vinculada a sus necesidades concretas. Y en el segundo, la exigencia de proteger la privacidad puede ser considerada más importante que toda otra finalidad.

Se constituye así un marco en cuyo interior la ecología del ambiente informativo surge de la observación de los datos de hecho y encuentra sus criterios de referencia sobre todo en las exigencias de los sujetos que se mueven en el sistema de la información. Tales exigencias se manifiestan continuamente: desde el momento en que se participa en el funcionamiento del sistema político, se interviene en la vida colectiva y se actúa en el mundo del consumo. Y a partir de esto se pueden adoptar las iniciativas que señalen los caminos posibles para esta otra ecología.

Volvemos de tal modo a la cuestión del espacio constitucional, del que habíamos tratado antes de delinear sus características y sus fronteras. El realismo nos impone no cultivar ilusiones engañosas, que no visitemos el futuro imaginando que la máquina del progreso siempre benéfico esté nuevamente en movimiento. Pero el futuro debe ser proyectado sin resignación ni renuncias preconcebidas. Es necesario dejarse guiar siempre por la ambición de la plenitud democrática, midiendo con ella las instituciones de la nueva ciudad y la extensión de la ciudadanía.

ÍNDICE

Capítulo primero
El advenimiento de la tecnopolítica/ 7

1. El sentido de una mutación/ 7
2. Lógicas de la política y lógicas de la empresa/ 14
3. La fuerza de la imagen/ 25
4. El cambio de la esfera pública/ 32

Capítulo segundo
Temores, hipótesis, realidad/ 43

1. Tecnologías y decisiones/ 43
2. Nuevas posibilidades e intervención de los ciudadanos/ 50
3. La experimentación local/ 55
4. El uso social de las nuevas tecnologías/ 62

Capítulo tercero
Vicisitudes de la soberanía/ 69

1. La fragmentación del soberano/ 69
2. El eclipse del interés general/ 77

3. La encuestocracia/ 84
4. Los referendos electrónicos/ 90
5. La reconstrucción del soberano/ 94
6. Colocar al soberano/ 103
7. El ciudadano y las redes/ 108
8. Poderes y representación/ 114

CAPÍTULO CUARTO
La democracia continua/ 119

1. Entre individuo y colectividad/ 119
2. Buscar, obtener, difundir informaciones/ 125
3. El poder "mediático"/ 129
4. Nuevas desigualdades y servicio universal/ 135
5. Las condiciones de la ciudadanía/ 141
6. Seleccionar y completar:
   un problema para la democracia/ 145
7. Las vías de la democracia continua/ 150

CAPÍTULO QUINTO
Los lugares, la tecnología, la política/ 175

1. Forma urbana y forma política/ 175
2. El fin del territorio jacobino/ 179
3. Otra ciudad/ 185
4. Espacio y servicios/ 189
5. ¿Una democracia administrativa?/ 193

CAPÍTULO SEXTO
La sociedad de la clasificación/ 199

1. Conocer y clasificar/ 199
2. La identidad y la vida sobre la pantalla/ 206

3. Reserva y anonimato/ 215
4. Las nuevas dimensiones de la privacidad/ 223
5. Reglas y mercados/ 226
6. Estrategias de protección/ 231
7. La privacidad como derecho fundamental/ 237

Epílogo
Para una ciudadanía "electrónica"/ 241

Esta edición se terminó de imprimir
en La Prensa Médica Argentina
Junín 845 (1113) Buenos Aires, Argentina,
en el mes de Mayo del año 2000